José Manuel Vega Báez

777

Frases de Liderazgo

SERIE CIMA
Liderazgo de Alto Nivel

777 Frases de Liderazgo
Primera edición: octubre 2019
17º Aniversario de SERIE CIMA

D.R. José Manuel Vega Báez 2019
Ocote 52 Col. Huayatla 10360
Magdalena Contreras, Ciudad de México
www.seriecima.com
info@seriecima.com

Imágenes: www.freepik.com
Fotografía: www.wemoose.com/liderazgo/

DEDICATORIA

Agradezco a quienes participaron en la dinámica del

17º Aniversario de SERIE CIMA. A cada uno de ustedes

le he dedicado al menos cinco frases de liderazgo.

¡Ánimo y ACCIÓN!

777

Prólogo

777

José Manuel Vega Báez

Este libro conmemora el **17º Aniversario de SERIE CIMA** y es la continuación de 250 Cápsulas de Liderazgo (2012) y 500 Cápsulas de Liderazgo (2016).

Con base en los comentarios de los lectores de esos libros antecesores hay dos maneras de aprovechar al máximo este material:

A) Cuando requieras vitalizar tu liderazgo

1. Genera un número aleatorio entre el 1 y el 777.
2. Lee la frase correspondiente.
3. Identifica el pensar y el sentir que te provoca.
4. Determina la manera en la que aplicarás de inmediato la frase en tu vida personal, familiar, ocupacional, etc.

B) Cuando necesites diseñar un mensaje de liderazgo

1. Genera un número aleatorio entre el 1 y el 777.
2. Comienza a leer a partir de esa frase.
3. Selecciona la primera frase que ajuste con tu mensaje.
4. Repite el proceso hasta que tengas suficientes frases para elaborar tu mensaje de liderazgo.

Espero que en cualquiera de los dos casos obtengas mucha utilidad de esta obra.

¡Ánimo y ACCIÓN!

Intégrate a mis comunidades
en Twitter, Linkedin o Facebook.

José Manuel Vega Báez
info@seriecima.com
www.seriecima.com

1. El liderazgo fácil no existe. Frase dedicada a Cuauhtemoc Benitez Salcedo.

2. Un buen líder, además de lo evidente, también comprende lo oculto. Frase dedicada a Jose.

3. El hogar es la primera escuela de liderazgo y los padres los primeros maestros. Frase dedicada a Jorge Hamdan Hernández.

4. Solo hay dos cosas que un líder puede hacer con el sentido común: atenderlo o ignorarlo. Frase dedicada a Paty Cebrián.

5. Cualquier líder puede de caerse... pero no cualquiera puede levantarse... sobre todo si cae varias veces. Frase dedicada a Gema Janet Cortes Gutiérrez.

6. Solo hay dos formas de liderar un colectivo de alto rendimiento: cuando te ponen al frente o cuando lo construyes. Frase dedicada a Alma Arcelia Gonzalez Lozano.

7. Hay líderes que atraviesan puertas abiertas, hay líderes que abren puertas cerradas, y hay líderes que hacen nuevas puertas. Frase dedicada a Julio Alvarado.

8. El liderazgo en esencia es luz. Frase dedicada a Rebeca Trujillo Sanchez.

9. Un líder puede disimular su inteligencia, pero jamás su ineptitud. Frase dedicada a José Víctor Santiago Santiago.

10. Lo primero que un líder debe aclararle a su gente es el propósito de su colectivo. Frase dedicada a Luis Angel Vega Baez.

11. Un buen líder descubre sus talentos, los desarrolla y los pone al servicio de los demás. Frase dedicada a ALF.

12. El líder que cree saber todas las respuestas, solo muestra que todavía no conoce todas las preguntas. Frase dedicada a Jesús Armando Corrales.

13. Un buen líder es como un buen cantante: ambos son capaces de sublimar el espíritu de quienes les escuchan. Frase dedicada a Ricardo.

14. Por encima de las simpatías y antipatías naturales entre las personas, un buen líder debe esforzarse en promover la empatía. Frase dedicada a José Ramón Murillo Portilla.

15. El buen líder por su casa empieza. Frase dedicada a Alan Arturo Calderón Velderrain.

16. El líder que teme a la diversidad limita el potencial de su colectivo. Frase dedicada a Fer Salmón.

José Manuel Vega Báez

17. Siempre que un colectivo triunfa es indispensable reconocer el mérito de su líder. Frase dedicada a Luis Manuel.

18. Un buen líder no conoce todas las respuestas, pero es experto en hacer buenas preguntas. Frase dedicada a María Elena.

19. Es imposible alcanzar un desempeño colectivo extraordinario sin pasión en el ejercicio del liderazgo. Frase dedicada a Jorge Cebrián Aguiar.

20. Un secreto de los grandes líderes es su habilidad para repetir sus aciertos con más frecuencia que sus errores. Frase dedicada a Angélica Ordaz Salazar.

21. Si lo que un líder está por decidir en privado no resiste el escrutinio público, lo más probable es que sea algo incorrecto. Frase dedicada a Mayra Rico Valdovinos.

22. Los grandes líderes jamás desisten. Frase dedicada a Christian M. López Torre.

23. El liderazgo no es complicado, algunos líderes lo hacen complicado. Frase dedicada a Cecilia Salazar.

24. Sin duda alguna, el liderazgo más importante de todos es el liderazgo familiar. Frase dedicada a José Manuel Ramírez Tovilla.

25. Un líder que no desafía sus limitaciones, no desafiará las limitaciones de su colectivo. Frase dedicada a Dinorah Ariadna V.

26. Escoge a quienes serán tus líderes con más cuidado del que escoges a quienes serán tus colaboradores. Frase dedicada a Abel Zarem.

27. A lo largo de la historia el liderazgo ha cambiado en su forma, pero no en su fondo: influir sobre las personas. Frase dedicada a Andres Ponce.

28. Siempre será más valioso un líder con actitud que un líder con aptitud... y lo mismo aplica para los integrantes de su colectivo. Frase dedicada a Robinson Andrés Román Santamaría.

29. Un líder solo encuentra cuando busca. Frase dedicada a Araceli Jiménez Lima.

30. Los grandes líderes no abundan, por eso es sencillo identificarlos. Frase dedicada a Marco Vega.

31. Necesitamos líderes que quieran ser mejores líderes. Frase dedicada a Pablo Diestro.

32. Un líder que no hace su máximo esfuerzo día a día, tampoco podrá hacerlo en el Gran Día. Frase dedicada a Nalleli Guerra.

33. Pregunta: ¿Qué hacer cuando los sueños son más grandes que las propias fuerzas? Respuesta: Liderazgo. Frase dedicada a Rosa Velia Sánchez Gómez.

34. Los mejores líderes son como los mejores magos: hace mucho tiempo que dejaron de sacar conejos de sus sombreros. Frase dedicada a mel*

35. Cuando el líder se percata de que en sus manos está el destino de una colectividad, su labor adquiere una dimensión superior. Frase dedicada a Javier Gonzalez Ramirez.

36. Un líder es un sembrador de confianza. Frase dedicada a Saul Socrates Burgos Olvera.

37. Preparar jóvenes "hacia lo alto" garantiza futuros líderes de bien. Frase dedicada a Roberto Ayala Maldonado.

38. Un líder con la actitud correcta tiene resuelta la mitad de cualquier problema. Frase dedicada a Fernanda Arguijo Aguirre.

39. ¿Qué pasaría si el énfasis de nuestros sistemas educativos fuera la formación de líderes? Frase dedicada a Susana Mendoza Plata.

40. Si un líder quiere llegar rápido debe correr solo, pero si quiere llegar lejos debe caminar en grupo. Frase dedicada a Luis Enrique López León.

41. Necesitamos líderes que guíen sobre senderos conocidos, pero necesitamos más líderes que tracen nuevos senderos. Frase dedicada a Mayeth Yanalté Mijares Villarreal.

42. El liderazgo es una labor de tiempo completo en la que debe ser imposible dejar de tener presentes a los seguidores ausentes. Frase dedicada a Gabriel Briseño Rivera.

43. Un buen líder siempre lidera en plural. Frase dedicada a Ana Maria Ponce.

44. Un buen líder no dice todo lo que puede hacer, simplemente lo hace. Frase dedicada a Leticia.

45. Un liderazgo sin principios consistentes es un liderazgo con los días contados. Frase dedicada a Elizabeth.

46. Cualquier persona puede ser una mejor persona y cualquier líder puede ser un mejor líder. Frase dedicada a Estela Macuil Arriaga.

47. Sin importar que la marea esté alta o baja, un buen líder, como un buen navegante, sabe aprovecharla. Frase dedicada a Martín Paredes Mulatillo.

48. Todos los líderes cometen errores, pero solo los buenos líderes son capaces de reconocerlos y aprender de ellos. Frase dedicada a Anyelo Rodríguez García.

49. La competencia más apreciada para una posición de mando, por ser lamentablemente la más escasa, es la capacidad de liderazgo. Frase dedicada a Ángel Salvador Báez Chávez.

50. El peor compañero de un líder es el miedo. Frase dedicada a Maria Delia Torres Vázquez.

51. Un líder que no sabe lo que vale, jamás sabrá lo que vale su gente. Frase dedicada a Ricardo Edmundo Silva Torres.

52. ¿Cuándo fue la última vez que como líder hiciste brillar a alguien de tu colectivo? Frase dedicada a Henry Chávez.

53. Cuando se habla de liderazgo, no existe maquillaje duradero para la falta de congruencia. Frase dedicada a Felix Delgado.

54. Un buen líder sabe que todo llega a su tiempo, lo importante es siempre avanzar haciendo lo correcto. Frase dedicada a Jose Gpe Esparza Canto.

55. Un buen líder sueña con la mente, uno mejor sueña con el corazón, pero uno extraordinario sueña con el espíritu. Frase dedicada a Laurencio.

56. Más allá de su valor por ser un recurso escaso con usos alternativos, el liderazgo marca la diferencia en los grupos humanos. Frase dedicada a Pedro Ramirez.

57. ¡El ejercicio del liderazgo es apasionante! Frase dedicada a Ricky Vega Cebrián.

58. Un líder que tiene magia propia no necesita aprender trucos ajenos. Frase dedicada a Andrea Asuncion Aguirre Lopez.

59. Cuando un líder se da por vencido, también entierra la causa de su colectividad. Frase dedicada a Rubén Sánchez Allende.

60. Dicen que la esperanza es lo último que muere, y de todas, la del líder debe ir al final. Frase dedicada a Martha Arenas.

José Manuel Vega Báez

61. Un cierre de ciclo es la oportunidad ideal para comenzar otro inédito reformulando nuestro liderazgo. Frase dedicada a Alejandro.

62. Un líder ocupado en la mejora de su colectivo no tiene tiempo para criticar, condenar o quejarse de otras personas. Frase dedicada a Daniel Revilla Cebrian.

63. Un buen líder descubre los talentos de su gente, les ayuda a desarrollarlos y les enseña a ponerlos al servicio de los demás. Frase dedicada a Carolina.

64. ¿Cuántos grandes líderes perezosos conoces? Frase dedicada a Martz.

65. Al igual que muchos peces, muchos líderes mueren por su propia boca. Frase dedicada a Aristeo Arturo Acosta.

66. El sentido de vida de un líder potenciará su talento, su dedicación y su pasión. Frase dedicada a Lizandro Medrano Rentería.

67. En el liderazgo congruente se piensa lo que se va a decir y se dice lo que se va a hacer. Frase dedicada a Dora María Mendoza Díaz.

68. Un cierre de ciclo es la oportunidad ideal para comenzar otro inédito reformulando nuestro

liderazgo. Frase dedicada a Maricarmen Huerta Contreras.

69. Como en un juego de béisbol, al ejercer el liderazgo siempre hay que estar preparados para más de nueve entradas. Frase dedicada a Raymundo Armendáriz.

70. Un buen líder sabe que los grandes cambios no ocurren de la noche a la mañana, pero no espera a que amanezca para iniciarlos. Frase dedicada a Sandra Maricela Aguilar Rodriguez.

71. Es imposible un buen liderazgo sin empatía. Frase dedicada a Hector Merlos.

72. El primer paso para fortalecer a un colectivo es fortalecer a su líder. Frase dedicada a Geovany López Ruiz.

73. La confianza es el cimiento sobre el que se edifica el liderazgo más fructífero. Frase dedicada a Guillermo Rodriguez Quesada.

74. La responsabilidad más importante que debe asumir un líder es el cumplimiento de la meta. Frase dedicada a Omar González Espinosa.

75. Un mal colaborador puede hacerte pasar una mala tarde, pero un mal líder te hará pasar una mala vida. Frase dedicada a Hugo Hernandez Monteon.

José Manuel Vega Báez

76. El buen liderazgo es como el aire; de inmediato se percibe cuando falta, al tiempo que nunca puede ser demasiado. Frase dedicada a Lucero Martínez Báez.

77. El liderazgo nos atañe a todos; también a los millones de personas comunes y corrientes que "solo" ejercemos influencia local. Frase dedicada a Venancio Patricio Saucedo Sánchez.

78. Un buen líder jamás negocia sus principios. Frase dedicada a Juan Carlos Gutiérrez Pulido.

79. El primer y más ferviente fanático de un proyecto debe ser su líder. Frase dedicada a Edgar Silva Peña.

80. La cosecha de un líder no siempre es justa, pero nadie afirmó que así debía ser. Frase dedicada a Joao Paulo Soares Reis.

81. Si quieres ser un mejor líder, decide ser un mejor líder y ACTÚA para ser un mejor líder. Frase dedicada a Guillermo Martiñon Martínez.

82. Cuando un líder revisa su pasado rescata las experiencias que lo proyectarán al futuro con más fuerza. Frase dedicada a Fred Rojas.

83. El líder debe asegurarse de marchar a la velocidad adecuada para que sus colaboradores puedan mantenerle el paso. Frase dedicada a Gabriela.

84. En el liderazgo, como en el nado sincronizado, es igualmente importante lo que ocurre al mismo tiempo dentro y fuera del agua. Frase dedicada a Elsa Amelia López Renteria.

85. Un líder jamás cambiará aquello que tolera. Frase dedicada a Luz Estela Anaya Tapia.

86. Es imposible un desarrollo sustentable sin un liderazgo sustentable. Frase dedicada a Liliana.

87. Las leyes del liderazgo son universales, pero su instrumentación debe ser local. Frase dedicada a Luis Venegas.

88. Un buen líder sabe que cada reto superado, por modesto que sea, fortalece a su colectivo. Frase dedicada a Pedro García del Valle y Durán.

89. El líder debe privilegiar siempre el bienestar colectivo por encima de cualquier beneficio individual. Frase dedicada a José Antonio Sánchez Alcalá.

90. El título de un puesto puede otorgarlo quien sea, pero el título de líder lo otorga el colectivo que se encabeza. Frase dedicada a Perla Ivonne.

José Manuel Vega Báez

91. Muchos pasan de largo. Algunos la ven y se detienen. Pero siempre hace falta un líder que comience a subir una nueva escalera. Frase dedicada a Xavier.

92. Los grandes retos necesitan grandes líderes. Frase dedicada a Ileana Hernandez Darias.

93. La salud mental del líder es contagiosa... al igual que su carencia. Frase dedicada a Norma Salazar.

94. Ojalá que todos los líderes fueran auténticos, idealistas y generosos; nada más. Frase dedicada a Carlos López.

95. Un buen líder sabe que para dejar huella lo primero que debe hacer es comenzar a caminar. Frase dedicada a Manuel Vega González.

96. El líder debe soñar a lo grande; por él y por su gente, pues de sus sueños depende el futuro de todos. Frase dedicada a Yuridia Ortiz.

97. Es en la toma de decisiones difíciles en donde mejor puede apreciarse la grandeza –o pequeñez– ética de un líder. Frase dedicada a Héctor Daniel Ahumada González.

98. Pese a la seriedad que requiere el ejercicio del liderazgo, nunca debe olvidarse que es una

actividad digna de ser disfrutada. Frase dedicada a Jorge López.

99. Los grandes líderes no tienen días estériles. Frase dedicada a Humberto Cervantes Culebro.

100. Nadie que le tenga miedo al agua puede navegar con bandera de líder. Frase dedicada a Luis Manuel Herrera Corona.

101. Se necesitan muchos más líderes virtuosos capaces de guiar en tiempos inciertos. Frase dedicada a Milton Amilcar López Fajardo.

102. Un líder es tan grande como sus ideales y su capacidad de convocatoria para conseguirlos. Frase dedicada a Jesús Ernesto Bravo Galaz.

103. Es impresionante lo que un líder puede aprender de otro líder que se desempeña en un ámbito diferente. Frase dedicada a Laura RV de Vega.

104. Un buen líder sabe que todo recorrido es como un helado: si lo disfrutas se acaba, y si no lo disfrutas, también. Frase dedicada a Ana Karina Chapa Franco.

105. Porque el perfeccionamiento humano solo es posible en comunidad, un buen líder persuade a que se viva y se conviva en armonía. Frase dedicada a Econ Héctor González.

106. Ningún gran líder nació siendo un gran líder. Frase dedicada a Marco Cárdenas.

107. Un buen líder no debe limitarse a observar la realidad con sus ojos. Frase dedicada a Joel Meza.

108. Solo los grandes líderes encuentran al gran maestro que hay dentro de cada niño. Frase dedicada a Daniel.

109. Un líder que no cumple en las responsabilidades pequeñas, tampoco lo hará en las grandes. Frase dedicada a Brenda.

110. No puede comprenderse un liderazgo sin firmeza, como tampoco puede entenderse uno con excesiva fuerza. Frase dedicada a Sandra Ivon Victoria Moreno.

111. Un líder que consigue resultados sostenibles es muy bueno, pero uno que además forma nuevos líderes es magnífico. Frase dedicada a Gloria.

112. Si bien es de sabios cambiar de opinión, un buen líder debe evitar hacerlo con tanta frecuencia que confunda a sus seguidores. Frase dedicada a Yara.

113. Un buen líder reconoce el valor del silencio. Frase dedicada a Tony.

114. Un buen líder sabe que la evidencia de los resultados no se discute. Frase dedicada a Majo Vega Cebrián.

115. Todos, absolutamente todos los líderes memorables, viven de una forma memorable. Frase dedicada a Eduardo Alberto Niño Hernandez.

116. El ejercicio del liderazgo requiere un adecuado balance entre autoridad y responsabilidad. Frase dedicada a Elvia.

117. Un buen líder no muestra cómo alcanzar las metas fáciles, muestra cómo alcanzar las metas importantes. Frase dedicada a Jorge Antonio Gil Zamora.

118. Un líder sin integridad es como un pabilo sin vela, que puede brillar un momento antes de convertirse en cenizas. Frase dedicada a Edith Victoria Urrutia.

119. Un buen liderazgo, como un buen lubricante, garantiza el correcto funcionamiento de las partes y su ausencia provoca desgaste. Frase dedicada a Sergio Arguijo Aguirre.

120. Hay líderes tan pobres que solo tienen dinero. Frase dedicada a Marco.

121. Un líder novato siempre puede aprender. Y un líder experto... también. Frase dedicada a José Segura Flores.

122. Un buen líder es capaz de identificar y manejar favorablemente las expectativas. Frase dedicada a Jaime.

123. El liderazgo es como el ciclismo: necesita equilibrio y resistencia para llegar a la meta. Frase dedicada a Ambar Agüero.

124. Un buen líder sabe que el concepto personal de riqueza está asociado al concepto personal de libertad. Frase dedicada a Daniela Hermida Niembro.

125. Una decisión fundamental para el éxito en el ejercicio del liderazgo es la correcta selección del talento humano. Frase dedicada a Juan Manuel.

126. Una de las cosas más graves que puede ocurrirle a un líder es perder su capacidad de diálogo; entonces se convierte en tirano. Frase dedicada a Manuel Suárez Fernández.

127. Los principios de un líder anticipan su final. Frase dedicada a Bertha Lidia Sánchez Gómez.

128. Un líder triunfador jamás deserta y un líder desertor jamás triunfa. Frase dedicada a Marleny G Villela.

129. Un buen líder jamás ignora lo que le dice su razón... y lo que le dice su emoción. Frase dedicada a Anna Vero Murra.

130. La trascendencia de un líder se confirma en la influencia que deja una vez que ha partido. Frase dedicada a Joaquin Campos Barrientos.

131. Un gran líder tiene el valor y la capacidad de reformar lo que con el paso del tiempo se ha deformado. Frase dedicada a Alondra Alcalá Cisneros.

132. A veces la labor más importante del líder consiste en lograr que su gente reconozca, enfrente y supere sus miedos. Frase dedicada a José Martín Contreras.

133. El verdadero liderazgo no se trata de resolver los problemas de otros, se trata de enseñarles a que los resuelvan ellos mismos. Frase dedicada a sejo*

134. Ningún gran líder gozó del 100% de aprobación. Frase dedicada a Jose Luis Chapoy.

José Manuel Vega Báez

135. El líder es el primer y último responsable del proyecto que encabeza. Frase dedicada a Nora Patricia Velazquez Luevano.

136. Un líder tiene dos opciones: confiar en su colectivo o controlar a su colectivo. Frase dedicada a Nancy Marissa Durán Arriaga.

137. Solo hay dos tipos de líderes que ya no pueden desarrollarse: los soberbios y los muertos. Frase dedicada a Isaac Montoya Hernandez.

138. Cada individuo debe encontrar un estilo de liderazgo propio que le permita ser completamente auténtico. Frase dedicada a Yanalté Martínez Mijares.

139. Como cualquier ser humano el líder puede equivocarse; lo importante es reconocer la falla y corregir cuanto antes. Frase dedicada a Carlos De La O.

140. Lo que más agrega valor a una organización son sus colaboradores y lo que más agrega valor a los colaboradores son sus líderes. Frase dedicada a Palazuelos Flores Victor Manuel.

141. Un líder que pierde su identidad está perdido. Frase dedicada a Monserrat Berenice Sánchez Banda.

142. El líder que no conoce la verdadera libertad jamás podrá propiciarla. Frase dedicada a Hilfe Vanessa Schulz Ortíz.

143. Cuando la faena se torna complicada es cuando más falta hacen los buenos líderes. Frase dedicada a Luciano Rodriguez.

144. Todos estamos llamados a ser buenos líderes, pero lamentablemente no a todos les interesa. Frase dedicada a Amandi Felix.

145. El ejercicio del liderazgo no cambia a las personas, solo magnifica las virtudes y defectos que poseen. Frase dedicada a Alicia Andrea Félix Alvarez.

146. Regla de liderazgo AEIOU: Atiende, Escucha, Inquiere, Observa y Utiliza tu empatía antes de juzgar a las personas. Frase dedicada a María Del Carmen Félix Alvarez.

147. Regla de liderazgo para mantener el ánimo colectivo: ser el más enamorado del proyecto y celebrar los avances en plazos cortos. Frase dedicada a Wendy Flores.

148. Los grandes líderes regalan grandes enseñanzas. Frase dedicada a Jesús Antonio Barajas Ruiz.

149. Es impresionante todo lo que podemos aprender del liderazgo femenino. Frase dedicada a Juan Carlos Olivo.

150. Dos grandes errores de un líder: no comenzar algo nuevo y no terminar algo nuevo. Frase dedicada a Silvia.

151. Un buen líder sabe que la diversión es un excelente catalizador de los procesos de cambio. Frase dedicada a Martin Angeles.

152. El seguidor pregunta: ¿Cómo te pinta la semana? El líder contesta: ¡Yo me encargo de llenarla de color! Frase dedicada a Jesús Vega.

153. Un buen líder sabe que es mejor conquistar la fracción de un gran sueño, que la totalidad de un objetivo mediocre. Frase dedicada a Gabriela Anahi Contreras Cruz.

154. Un sistema de juego funcional no garantiza el éxito, pero liderar con uno falto de efectividad invariablemente conduce al caos. Frase dedicada a Cuauhtemoc Benitez Salcedo.

155. El líder que deja de mejorar, deja de ser bueno. Frase dedicada a Jose.

156. Los grandes líderes traspasan las fronteras del espacio y del tiempo. Frase dedicada a Jorge Hamdan Hernández.

157. El líder que no reconoce que se debe a sus seguidores muy pronto dejará de serlo. Frase dedicada a Paty Cebrián.

158. Un líder se vuelve extraordinario cuando desarrolla sus virtudes de manera extraordinaria. Frase dedicada a Gema Janet Cortes Gutiérrez.

159. Lo más revelador al apreciar el resultado de un colectivo es identificar el trabajo oculto de su líder. Frase dedicada a Alma Arcelia Gonzalez Lozano.

160. Uno de los precios que hay asumir con temple en el ejercicio del liderazgo es la exposición continua a la crítica. Frase dedicada a Julio Alvarado.

161. Uno de los atributos más importantes en el ejercicio del liderazgo es la disposición de llegar hasta las últimas consecuencias. Frase dedicada a Rebeca Trujillo Sanchez.

162. El liderazgo siempre será un arma de doble filo. Frase dedicada a José Víctor Santiago Santiago.

José Manuel Vega Báez

163. Necesitamos menos líderes solitarios y muchos más líderes solidarios. Frase dedicada a Luis Angel Vega Baez.

164. Todos los colectivos se parecen a su líder... con sus cualidades y sus limitaciones. Frase dedicada a ALF.

165. A un buen líder se le alinean los astros con mayor frecuencia que al resto de las personas. Frase dedicada a Jesús Armando Corrales.

166. Muy pocos líderes pueden cambiar al mundo, pero todos los demás somos capaces de cambiar nuestro mundo. Frase dedicada a Ricardo.

167. Algo grandioso del liderazgo es el festejo múltiple: por los triunfos propios y por los triunfos de los seguidores. Frase dedicada a José Ramón Murillo Portilla.

168. Al observar los cambios positivos de su entorno, sería estupendo que un líder se reconociera como precursor de algunos de ellos. Frase dedicada a Alan Arturo Calderón Velderrain.

169. Es imposible liderar sin la virtud de fortaleza. Frase dedicada a Fer Salmón.

170. Todo liderazgo que da frutos comenzó siendo una semilla bien cuidada. Frase dedicada a Luis Manuel.

171. Un buen líder es experto en aprovechar las crisis para fortalecer a su colectivo. Frase dedicada a María Elena.

172. Como nadie puede dar lo que no tiene, es imposible liderar más allá de la propia capacidad. Frase dedicada a Jorge Cebrián Aguiar.

173. Para liderar bien a un colectivo siempre es mejor proponer trofeos grupales, que medallas individuales. Frase dedicada a Angélica Ordaz Salazar.

174. El buen liderazgo y el buen café se parecen en que ambos contribuyen para iniciar el día con una mejor perspectiva. Frase dedicada a Mayra Rico Valdovinos.

175. Atendiendo a las circunstancias, el liderazgo estratégico determina la combinación de recursos más adecuada para lograr la meta. Frase dedicada a Christian M. López Torre.

176. Hay líderes que deslumbran pero que no iluminan. Frase dedicada a Cecilia Salazar.

177. Un buen líder no solo espera que lleguen cosas buenas, ¡va por ellas! Frase dedicada a José Manuel Ramírez Tovilla.

178. Un líder puede sentirse solo, pero no puede permitir que su gente se sienta sola. Frase dedicada a Dinorah Ariadna V.

179. El conflicto es inherente al ejercicio del liderazgo y el gran reto es superarlo con éxito. Frase dedicada a Abel Zarem.

180. Solo cuando se aprende "el idioma" de los colaboradores es posible comenzar el ejercicio del liderazgo. Frase dedicada a Andres Ponce.

181. El buen manejo de expectativas no garantiza el éxito, pero un liderazgo deficiente invariablemente conduce al caos. Frase dedicada a Robinson Andrés Román Santamaría.

182. Basta que uno del colectivo reme en otra dirección o a destiempo para que toda la embarcación pierda el rumbo marcado por el líder. Frase dedicada a Araceli Jiménez Lima.

183. Un gran líder siempre será una gran inspiración. Frase dedicada a Marco Vega.

184. Un buen líder sabe lo que es y también sabe en lo que se convertirá. Frase dedicada a Pablo Diestro.

185. ¿De qué le sirve a un líder ganar todas sus batallas si pierde a todos sus amigos? Frase dedicada a Nalleli Guerra.

186. El rendimiento de una colectividad siempre estará topado por el rendimiento de sus líderes. Frase dedicada a Rosa Velia Sánchez Gómez.

187. Todos los líderes padecen una enfermedad terminal llamada muerte, pero algunos se empeñan en ignorarla. Frase dedicada a mel*

188. El ejercicio del liderazgo se enriquece en la medida que el colectivo es capaz de generar un abanico de posibilidades. Frase dedicada a Javier Gonzalez Ramirez.

189. Casi cualquiera puede liderar después de un gran éxito, pero solo los grandes líderes pueden hacerlo después de un gran fracaso. Frase dedicada a Saul Socrates Burgos Olvera.

190. Nadie creerá en un líder que no cree en sí mismo. Frase dedicada a Roberto Ayala Maldonado.

191. ¿Por qué ejercer un liderazgo adusto si puede ejercerse uno sonriente? Frase dedicada a Fernanda Arguijo Aguirre.

192. Algo que jamás se le debe agotar al líder es su capacidad de generar alternativas. Frase dedicada a Susana Mendoza Plata.

193. La historia más importante para un líder y su colectivo es la historia que están por escribir. Frase dedicada a Luis Enrique López León.

194. Un buen líder comprende que el seguimiento de los proyectos es tan importante como su puesta en marcha. Frase dedicada a Mayeth Yanalté Mijares Villarreal.

195. El gran potencial de las nuevas generaciones se manifiesta en todo su esplendor bajo un acertado liderazgo juvenil. Frase dedicada a Gabriel Briseño Rivera.

196. Conocemos a los líderes por sus triunfos y fracasos, pero es el actuar diario el que en verdad nos revela su contenido interior. Frase dedicada a Ana Maria Ponce.

197. Si un buen líder es humilde, es doblemente bueno. Frase dedicada a Leticia.

198. Es imposible tener un colectivo de campeonato sin un líder de campeonato. Frase dedicada a Elizabeth.

199. El liderazgo es tan efímero como la vida misma, pero su legado puede trascenderla. Frase dedicada a Estela Macuil Arriaga.

200. Un buen líder sabe que el inicio de un desempeño extraordinario es una meta extraordinaria. Frase dedicada a Martín Paredes Mulatillo.

201. Un buen líder sabe identificar con claridad dónde termina la perseverancia y dónde comienza la necedad. Frase dedicada a Anyelo Rodríguez García.

202. El líder visionario identifica grandes metas, persuade a sus seguidores y juntos trascienden cuando las conquistan. Frase dedicada a Ángel Salvador Báez Chávez.

203. El liderazgo educativo debe contagiar la inextinguible luz de la curiosidad por comprender lo que hay detrás de las apariencias. Frase dedicada a Maria Delia Torres Vázquez.

204. Un líder solo obtiene lo que es capaz de negociar. Frase dedicada a Ricardo Edmundo Silva Torres.

205. Los grandes líderes traspasan las fronteras del espacio y del tiempo. Frase dedicada a Henry Chávez.

José Manuel Vega Báez

206. Es preciso y urgente evolucionar de la dirección proyectos al liderazgo de causas. Frase dedicada a Felix Delgado.

207. Un buen líder sabe que solo las decisiones emocionantes conducen a resultados emocionantes. Frase dedicada a Jose Gpe Esparza Canto.

208. Un buen líder sabe que la felicidad no se encuentra al final del camino; se crea a lo largo del camino. Frase dedicada a Laurencio.

209. Es triste ver cuando una persona se da por vencida, pero es mucho más triste ver cuando un líder se da por vencido. Frase dedicada a Pedro Ramirez.

210. El liderazgo es mucho más productivo cuando se busca que los colaboradores sean felices, que cuando se busca que sean perfectos. Frase dedicada a Ricky Vega Cebrián.

211. Si un buen líder es innovador, es doblemente bueno. Frase dedicada a Andrea Asuncion Aguirre Lopez.

212. Un buen líder también es un buen anfitrión que sabe acoger a su gente. Frase dedicada a Rubén Sánchez Allende.

213. La capacidad de liderazgo siempre estará limitada por la capacidad de negociación. Frase dedicada a Martha Arenas.

214. Compartir el pan y la sal con los colaboradores es uno de los grandes privilegios del líder. Frase dedicada a Alejandro.

215. Un buen líder sabe que la única forma de concretar grandes propósitos es a través de metas perentorias. Frase dedicada a Daniel Revilla Cebrian.

216. La mejor jugada de un buen líder es la que ya hizo, pero la mejor jugada de un gran líder es la que está por hacer. Frase dedicada a Carolina.

217. La gran diferencia entre ejercer correctamente el liderazgo y ejercer el liderazgo correcto, está en los fines que se persiguen. Frase dedicada a Martz.

218. Tenemos demasiados dirigentes y muy pocos líderes. Frase dedicada a Aristeo Arturo Acosta.

219. Un líder siempre debería crecer más que las dificultades que enfrenta. Frase dedicada a Lizandro Medrano Rentería.

220. La ventaja de comenzar a liderar desde el sótano es que todas las escaleras suben. Frase dedicada a Dora María Mendoza Díaz.

José Manuel Vega Báez

221. El mayor peligro para un líder no es enfrentarse a una adversidad, sino a su propia actitud. Frase dedicada a Maricarmen Huerta Contreras.

222. Un líder integral debe desarrollar en sí mismo y en su colectivo los valores, las virtudes y la visión. Frase dedicada a Raymundo Armendáriz.

223. Todo líder debe saber que el único sitio en donde encontrará miel sobre hojuelas será en la mesa de su desayunador. Frase dedicada a Sandra Maricela Aguilar Rodriguez.

224. Un buen líder no sufre las amenazas de la última semana del mes, aprovecha las oportunidades de la semana previa a un nuevo mes. Frase dedicada a Hector Merlos.

225. Todos los grandes líderes han sido grandes rebeldes. Frase dedicada a Geovany López Ruiz.

226. Un nuevo día representa una nueva oportunidad para ser un mejor líder. Frase dedicada a Guillermo Rodriguez Quesada.

227. Los grandes líderes inspiran a ser lo mejor posible, no a tener lo máximo posible. Frase dedicada a Omar González Espinosa.

228. El tesoro más valioso y delicado que un líder puede tener es la confianza de sus seguidores. Frase dedicada a Hugo Hernandez Monteon.

229. Un líder se vuelve imparable cuando cambia de una visión de limitaciones a una visión de posibilidades. Frase dedicada a Lucero Martínez Báez.

230. Todo liderazgo trascendente comienza con un relato visionario que debe continuarse con una historia extraordinaria. Frase dedicada a Venancio Patricio Saucedo Sánchez.

231. Un buen líder se da el tiempo suficiente para preparar el terreno mucho antes de que siquiera sepa lo que se va a sembrar en él. Frase dedicada a Juan Carlos Gutiérrez Pulido.

232. Un buen líder jamás descalifica una idea incipiente. Frase dedicada a Edgar Silva Peña.

233. ¡Celebremos el liderazgo trascendente por excelencia! Frase dedicada a Joao Paulo Soares Reis.

234. Los grandes líderes jamás han pedido cargas más ligeras, sino hombros más fuertes. Frase dedicada a Guillermo Martiñon Martínez.

235. Hay una gran diferencia entre un líder que se ha levantado y un líder que nunca se ha caído. Frase dedicada a Fred Rojas.

236. A la larga, el juicio de un líder siempre será más severo por lo que dejó de hacer, que por lo que hizo. Frase dedicada a Gabriela.

237. Todos los líderes tienen incertidumbres e inseguridades, pero solo los grandes líderes saben cómo lidiar con ellas. Frase dedicada a Elsa Amelia López Renteria.

238. Un líder empresarial debe desempeñar cuatro roles simultáneos: como administrador, como director, como rector y como gobernador. Frase dedicada a Luz Estela Anaya Tapia.

239. Un buen líder jamás permite que su cantera se agote. Frase dedicada a Liliana.

240. Dime qué líder te inspira y te diré cuánto podrás inspirar a los demás. Frase dedicada a Luis Venegas.

241. Los grandes líderes siempre hablan más de las oportunidades que de los obstáculos. Frase dedicada a Pedro García del Valle y Durán.

242. Un buen líder es capaz de transformar la ficción de los sueños en la realidad de los hechos. Frase dedicada a José Antonio Sánchez Alcalá.

243. El líder que detiene su marcha de manera inesperada corre el riesgo de ser arrollado por sus seguidores. Frase dedicada a Perla Ivonne.

244. Un líder tiene toda su vida para trascender, lo que no tiene es la certeza de cuánto tiempo dispondrá para hacerlo. Frase dedicada a Xavier.

245. Adecuar la estrategia no garantiza el éxito, pero liderar repitiendo siempre la misma estrategia invariablemente conduce al caos. Frase dedicada a Ileana Hernandez Darias.

246. El máximo reto del liderazgo es sobre el líder mismo. Frase dedicada a Norma Salazar.

247. El perfeccionamiento del liderazgo siempre será una inversión ganadora. Frase dedicada a Carlos López.

248. Nadie es lo suficientemente bueno como para liderar a otros sin su consentimiento. Frase dedicada a Manuel Vega González.

249. Un buen líder sabe que no existe llave para el éxito, ya que la puerta siempre está abierta. Frase dedicada a Yuridia Ortiz.

250. El líder siempre debe propiciar entre sus seguidores más espacio para los sueños que para los recuerdos. Frase dedicada a Héctor Daniel Ahumada González.

251. ¿Por qué no liderar como si fuera a escribirse sobre nuestro colectivo una emocionante novela con final extraordinario? Frase dedicada a Jorge López.

252. Alguna vez escuché que hay tres tipos de líderes: los que dicen la hora, los que construyen el reloj y los que hacen ambas cosas. Frase dedicada a Humberto Cervantes Culebro.

253. Un buen líder calla y deja que sus resultados hablen. Frase dedicada a Luis Manuel Herrera Corona.

254. Es imposible que un líder sin alas quiera enseñarle a volar a su gente. Frase dedicada a Milton Amilcar López Fajardo.

255. No es posible un buen liderazgo cuando la comunicación es inoportuna o incompleta. Frase dedicada a Jesús Ernesto Bravo Galaz.

256. Un buen líder sabe que no se llega a la cima superando a otros, sino superándose a sí mismo. Frase dedicada a Laura RV de Vega.

257. Los líderes que tienen más pensamientos negativos son los que les abren la puerta y les permiten entrar. Frase dedicada a Ana Karina Chapa Franco.

258. Algo muy relevante del privilegio de liderar es que se requiere del consentimiento de la voluntad de los seguidores. Frase dedicada a Econ Héctor González.

259. Aunque una autoridad superior faculte para liderar, la verdadera licencia para ejercer el liderazgo la otorgan los colaboradores. Frase dedicada a Marco Cárdenas.

260. Un buen líder sabe que toda pasión tiene su calvario. Frase dedicada a Joel Meza.

261. Hay líderes que trabajan para vivir; hay otros que viven para trabajar. Frase dedicada a Daniel.

262. Tan malo es que la voz del líder no se escuche, como que sea lo único que se oiga. Frase dedicada a Brenda.

263. Un buen líder sabe que todo acontecimiento tiene un significado no evidente a primera vista. Frase dedicada a Sandra Ivon Victoria Moreno.

José Manuel Vega Báez

264. No cabe duda que para el correcto ejercicio del liderazgo se requiere mucho más que solo buena voluntad. Frase dedicada a Gloria.

265. Casi cualquiera puede liderar bien río abajo un día soleado, el gran reto es hacerlo en mar abierto y con tempestad. Frase dedicada a Yara.

266. El ejercicio del liderazgo requiere un esfuerzo permanente para mantener vivos todos los sueños y para enterrar todos los miedos. Frase dedicada a Tony.

267. El líder que habla más de lo que escucha está perdido. Frase dedicada a Majo Vega Cebrián.

268. Lo más cautivador que un líder puede tener es la confianza en sí mismo. Frase dedicada a Eduardo Alberto Niño Hernandez.

269. Un buen líder nunca dice todo lo que piensa, pero siempre piensa todo lo que dice. Frase dedicada a Elvia.

270. Un líder que no da su 100% queda en deuda con él mismo, con su colectivo y con la humanidad. Frase dedicada a Jorge Antonio Gil Zamora.

271. Un buen líder sabe que es mucho más sencillo convertir tiempo en dinero, que convertir dinero en tiempo. Frase dedicada a Edith Victoria Urrutia.

272. El líder amplía su sentido de vida cuando descubre sus talentos, los desarrolla y los pone al servicio de los demás. Frase dedicada a Sergio Arguijo Aguirre.

273. En el ejercicio del liderazgo es indispensable incorporar el uso de las nuevas tecnologías en favor de una comunicación oportuna. Frase dedicada a Marco.

274. El liderazgo no construye el carácter, solo lo revela. Frase dedicada a José Segura Flores.

275. Los líderes extraordinarios sí existen, pero todavía nos faltan muchos. Frase dedicada a Jaime.

276. ¿Cuántos de tus mejores amigos son líderes? ¿Y cuántos de ellos son buenos líderes? Frase dedicada a Ambar Agüero.

277. Algo anda muy mal si en el ejercicio del liderazgo la única persona que progresa es el líder. Frase dedicada a Daniela Hermida Niembro.

278. Un buen líder sabe que la velocidad máxima de su colectivo está determinada por el integrante más lento. Frase dedicada a Juan Manuel.

279. El liderazgo adquiere una nueva dimensión cuando nos percatamos que en realidad se trata

de un servicio a los demás. Frase dedicada a Manuel Suárez Fernández.

280. La influencia es el inicio del liderazgo y todos somos capaces de influir con nuestras ideas, nuestras palabras y nuestros actos. Frase dedicada a Bertha Lidia Sánchez Gómez.

281. No hables sobre tu capacidad de liderar, ¡demuéstrala! Frase dedicada a Marleny G Villela.

282. Un buen líder jamás se cansa de esculpir una mejor versión de sí mismo. Frase dedicada a Anna Vero Murra.

283. El auto liderazgo requiere de la fuerza humana más poderosa: la fuerza de voluntad. Frase dedicada a Joaquin Campos Barrientos.

284. Cuando se avizora un nuevo desafío, el líder lo espera con entusiasmo ¡y lo inicia con vigor! Frase dedicada a Alondra Alcalá Cisneros.

285. Un colectivo solo genera sinergia cuando su líder conoce y atiende sus normas básicas de funcionamiento. Frase dedicada a José Martín Contreras.

286. El primer paso para liderar a otros es liderarse a uno mismo y todo comienza con la definición de las propias metas. Frase dedicada a sejo*

287. Lejos de ser llano, el camino del ejercicio de liderazgo pone a prueba la habilidad para conducir de manera efectiva y eficiente. Frase dedicada a Jose Luis Chapoy.

288. Un buen líder sabe que toda elección implica renuncia. Frase dedicada a Nora Patricia Velazquez Luevano.

289. Un buen líder siempre sabe cómo edificar una mejor versión de sí mismo. Frase dedicada a Nancy Marissa Durán Arriaga.

290. El corazón de un líder revela sus afectos, y por tanto, sus verdaderas prioridades. Frase dedicada a Isaac Montoya Hernandez.

291. El ejercicio del liderazgo no debe ser una cuestión de humor, debe ser una cuestión de honor. Frase dedicada a Yanalté Martínez Mijares.

292. Un gran líder no se da a conocer después de su primer triunfo, sino hasta después de su primera derrota. Frase dedicada a Carlos De La O.

293. En la época actual el ejercicio del liderazgo se asemeja más a un rally todo terreno que a una carrera de Fórmula 1. Frase dedicada a Palazuelos Flores Victor Manuel.

294. Liderazgo es la diferencia entre lo que una persona puede lograr por sí misma y lo que puede lograr con la colaboración de otros. Frase dedicada a Monserrat Berenice Sánchez Banda.

295. Un líder que miente sobre sí, mentirá sobre los demás. Frase dedicada a Hilfe Vanessa Schulz Ortíz.

296. Un líder que no crece es imposible que haga crecer a sus colaboradores. Frase dedicada a Luciano Rodriguez.

297. El líder que quiere llegar más lejos entrena tanto a su razón, como a su intuición. Frase dedicada a Amandi Felix.

298. Es bueno admirar el éxito de un líder, pero es mejor admirar el esfuerzo detrás de ese éxito. Frase dedicada a Alicia Andrea Félix Alvarez.

299. El líder tiene la responsabilidad de desarrollar al máximo a cada uno de los integrantes de su colectivo. Frase dedicada a María Del Carmen Félix Alvarez.

300. La capacidad sincrónica es muy valiosa para el líder ya que determina qué, quién, cuándo y dónde se harán las cosas. Frase dedicada a Wendy Flores.

301. Si liderazgo es influencia y la persona humana se perfecciona en comunidad, ¿quién de nosotros está disculpado para no ejercerlo? Frase dedicada a Jesús Antonio Barajas Ruiz.

302. El ejercicio del liderazgo nunca tiene tiempos muertos. Frase dedicada a Juan Carlos Olivo.

303. Un líder que no tiene grandes sueños jamás llegará a ser un gran líder. Frase dedicada a Silvia.

304. Hay líderes que corren mucho, pero no avanzan porque lo hacen sobre una caminadora. Frase dedicada a Martin Angeles.

305. La mejor manera en la que un líder puede enfrentar el futuro es de pie y con la cara en alto. Frase dedicada a Jesús Vega.

306. En el ejercicio del liderazgo el orden de las decisiones y de las acciones sí altera el resultado grupal. Frase dedicada a Gabriela Anahi Contreras Cruz.

307. Todo líder tiene el deber permanente de formarse, pues solo puede compartir con su colectivo aquella riqueza que posee. Frase dedicada a Cuauhtemoc Benitez Salcedo.

308. Sin importar lo que los demás hagan o dejen de hacer, el liderazgo que sí está en nuestras manos

José Manuel Vega Báez

debemos ejercerlo correctamente. Frase dedicada a Jose.

309. El líder que no honra su palabra no merece ser honrado. Frase dedicada a Jorge Hamdan Hernández.

310. Casi todas las noticias negativas del mundo se deben a un mal liderazgo. Frase dedicada a Paty Cebrián.

311. La actitud de un colectivo está determinada principalmente por la actitud de su líder. Frase dedicada a Gema Janet Cortes Gutiérrez.

312. La perseverancia de un colectivo siempre estará determinada por la perseverancia de su líder. Frase dedicada a Alma Arcelia Gonzalez Lozano.

313. Hay cosas que un líder no puede perder de vista: la primera es el propósito que da sentido a lo que hace. Frase dedicada a Julio Alvarado.

314. Un buen líder aprovecha cada obstáculo para obtener lo mejor de sus colaboradores y lograr el crecimiento colectivo. Frase dedicada a Rebeca Trujillo Sanchez.

315. Solo hay dos tipos de líderes: los que piensan que caminar es peligroso y los que piensan que es más

peligroso quedarse sentados. Frase dedicada a José Víctor Santiago Santiago.

316. Si tu líder no promueve tu liderazgo, ¡cambia de líder! Frase dedicada a Luis Angel Vega Baez.

317. Cuando un líder pierde su valentía, también pierde su derecho a liderar. Frase dedicada a ALF.

318. La productividad de un colectivo está determinada por la productividad de su líder. Frase dedicada a Jesús Armando Corrales.

319. Quien sueña con ser un buen líder está mucho más cerca de serlo que quien nunca lo ha soñado. Frase dedicada a Ricardo.

320. La capacidad de respuesta del líder debe ser acorde a la velocidad de los medios de comunicación que usa. Frase dedicada a José Ramón Murillo Portilla.

321. Un buen líder sabe que preocuparse por lo incierto solo le resta energía para ocuparse de lo que ya es una realidad. Frase dedicada a Alan Arturo Calderón Velderrain.

322. Un buen líder construye colectivos, pero no a partir de la adición lineal de talentos, sino de la combinación sinérgica de ellos. Frase dedicada a Fer Salmón.

323. Todo toma su tiempo en madurar... también el liderazgo. Frase dedicada a Luis Manuel.

324. El liderazgo del futuro requiere comprender la complejidad del presente. Frase dedicada a María Elena.

325. Un buen líder convoca, un mejor líder congrega y un líder superior además convence. Frase dedicada a Jorge Cebrián Aguiar.

326. Si el liderazgo es tan natural como el hombre mismo, ¿por qué nos gusta complicarnos el tema? Frase dedicada a Angélica Ordaz Salazar.

327. Las personas hacen la diferencia en las organizaciones y los líderes hacen la diferencia en las personas. Frase dedicada a Mayra Rico Valdovinos.

328. Un líder consciente sabe que sus decisiones afectarán a una colectividad por lo que debe actuar con responsabilidad. Frase dedicada a Christian M. López Torre.

329. Cualquiera puede mejorar su liderazgo, porque cualquiera puede mejorar sus pensamientos, sus palabras, sus acciones y sus hábitos. Frase dedicada a Cecilia Salazar.

330. La pasión de un colectivo depende de la pasión de su líder. Frase dedicada a José Manuel Ramírez Tovilla.

331. El liderazgo se nutre con el adecuado manejo de los detalles cotidianos. Frase dedicada a Dinorah Ariadna V.

332. Un buen líder sabe que la clave para no acumular polvo es mantenerse en movimiento. Frase dedicada a Abel Zarem.

333. Un buen líder debe propiciar que sus seguidores lo superen gracias al impulso que les brinda. Frase dedicada a Andres Ponce.

334. No cabe duda que para ser un buen líder, también es imprescindible que eso mismo perciban los seguidores. Frase dedicada a Robinson Andrés Román Santamaría.

335. Una persona sin sentido de pertenencia está perdida y un líder sin sentido de pertenencia hará que otros se pierdan. Frase dedicada a Araceli Jiménez Lima.

336. El buen humor nunca sale sobrando en el ejercicio del liderazgo, pues siempre es más agradable convivir con personas sonrientes :) Frase dedicada a Marco Vega.

José Manuel Vega Báez

337. Los grandes líderes siempre agradecen y nunca se quejan. Frase dedicada a Pablo Diestro.

338. El silencio es uno de los grandes maestros de todos los grandes líderes. Frase dedicada a Nalleli Guerra.

339. Un líder alcanza un nivel superior cuando a su racionalidad le agrega su intuición. Frase dedicada a Rosa Velia Sánchez Gómez.

340. Un buen líder no espera el momento perfecto para actuar, busca un momento y lo hace perfecto. Frase dedicada a mel*

341. Si hay que elegir entre el brillo del colectivo y el brillo del líder, siempre será mejor la primera opción. Frase dedicada a Javier Gonzalez Ramirez.

342. El ejercicio del liderazgo conlleva el ineludible riesgo de tomar decisiones: experimentar el vértigo de la libertad. Frase dedicada a Saul Socrates Burgos Olvera.

343. El único líder que no puede mejorar es el que se cree perfecto, los demás debemos transformarnos recorriendo el camino del cambio. Frase dedicada a Roberto Ayala Maldonado.

344. No se puede ser un mejor líder sin ejercer el liderazgo. Frase dedicada a Fernanda Arguijo Aguirre.

345. Las personas no renuncian a sus organizaciones, renuncian a sus líderes. Frase dedicada a Susana Mendoza Plata.

346. Un líder que no se respeta a sí mismo es imposible que respete a quienes le rodean. Frase dedicada a Luis Enrique López León.

347. Un buen líder no se conforma con pensamientos positivos, los convierte en acciones positivas. Frase dedicada a Mayeth Yanalté Mijares Villarreal.

348. Todas las crisis que no provienen de causas naturales tienen su origen en la falta de liderazgo adecuado. Frase dedicada a Gabriel Briseño Rivera.

349. Es posible lograr un gran aprendizaje observando el liderazgo deportivo, que además, puede ser realmente inspirador. Frase dedicada a Ana Maria Ponce.

350. En el ejercicio del liderazgo es preciso señalar con claridad y oportunidad los aciertos y las fallas, así como sus consecuencias. Frase dedicada a Leticia.

José Manuel Vega Báez

351. Un líder nunca debe olvidar de dónde viene y a dónde va. Frase dedicada a Elizabeth.

352. Los monos ven, oyen y callan; los líderes observan, escuchan y proponen. Frase dedicada a Estela Macuil Arriaga.

353. Cuidado con los líderes que solo saben salir a flote hundiendo a quienes les rodean. Frase dedicada a Martín Paredes Mulatillo.

354. Un buen líder sabe que es mejor actuar, fallar y aprender, que fallar por ni siquiera actuar. Frase dedicada a Anyelo Rodríguez García.

355. Todos los grandes líderes que nos inspiran, alguna vez lo fueron solo en potencia... y decidieron actuar. Frase dedicada a Ángel Salvador Báez Chávez.

356. Es triste cuando los seguidores se quedan sin su líder, pero es terrible cuando el líder se queda sin sus seguidores. Frase dedicada a Maria Delia Torres Vázquez.

357. En el liderazgo, como en el arte y en el deporte, existen fechas especiales, pero la gran mayoría son días de rutina y disciplina. Frase dedicada a Ricardo Edmundo Silva Torres.

358. Un líder que sabe su valor no se preocupa por exhibirlo. Frase dedicada a Henry Chávez.

359. Siempre será más poderoso un líder que perdona que un líder que condena. Frase dedicada a Felix Delgado.

360. El liderazgo jamás queda vacío; si no lo ejerce quien debe, lo ejercerá quien pueda. Frase dedicada a Jose Gpe Esparza Canto.

361. Un buen líder sabe que siempre serán mejores las buenas acciones, que las buenas intenciones. Frase dedicada a Laurencio.

362. Un líder que no tiene fuerza de voluntad para dirigirse a sí mismo, jamás la tendrá para dirigir a otros. Frase dedicada a Pedro Ramirez.

363. La salud integral debe ser un tema fundamental en la agenda de todo líder; la salud propia y la de sus colaboradores. Frase dedicada a Ricky Vega Cebrián.

364. En el liderazgo, como en el deporte, podemos analizar muchos números, pero solo los más importantes aparecen en el marcador final. Frase dedicada a Andrea Asuncion Aguirre Lopez.

365. ¿Cuál es tu máximo logro como líder en lo que va del año? Frase dedicada a Rubén Sánchez Allende.

366. Un buen líder sabe que el éxito es contagioso... y que el fracaso también. Frase dedicada a Martha Arenas.

367. El sentido de urgencia de un líder determina el sentido de urgencia de su colectivo. Frase dedicada a Alejandro.

368. Un gran líder es quien trabaja para transformar al mundo dejándolo mejor de como lo encontró. Frase dedicada a Daniel Revilla Cebrian.

369. Un líder que piensa y actúa diferente en su vida privada y en su vida pública caerá más pronto que tarde. Frase dedicada a Carolina.

370. No todos los colectivos tienen al líder que se merecen, pero sin duda todos los líderes tienen al colectivo que se merecen. Frase dedicada a Martz.

371. Es inevitable el sufrimiento de un líder: sea por caminar hacia la meta o sea por arrepentirse de nunca haber iniciado la marcha. Frase dedicada a Aristeo Arturo Acosta.

372. Quien no es capaz de influir, no podrá ser un buen líder. Frase dedicada a Lizandro Medrano Rentería.

373. Un buen líder sabe que el mismo horizonte cambia según quien lo observe. Frase dedicada a Dora María Mendoza Díaz.

374. La capacidad de instrumentar las ideas es fundamental en el ejercicio del liderazgo. Frase dedicada a Maricarmen Huerta Contreras.

375. Un líder bien motivado, al frente de un colectivo bien motivado, son de pronóstico reservado. Frase dedicada a Raymundo Armendáriz.

376. Una cosa es que el líder y su colectivo pierdan la batalla y otra muy distinta que entreguen la victoria. Frase dedicada a Sandra Maricela Aguilar Rodriguez.

377. Un buen líder debe ser como un buen cereal: con contenido enriquecido que ayude a las personas a iniciar bien el día. Frase dedicada a Hector Merlos.

378. Solo un buen líder puede conducir y llegar al destino utilizando una carretera… y también lograr lo mismo cuando no hay carretera. Frase dedicada a Geovany López Ruiz.

379. Si tu líder no te enseña con su ejemplo, cambia de líder. Frase dedicada a Guillermo Rodriguez Quesada.

380. Un buen líder siempre encontrará tiempo para aquello que es prioritario. Frase dedicada a Omar González Espinosa.

381. La diferencia entre un hombre orquesta y un director de orquesta se llama liderazgo. Frase dedicada a Hugo Hernandez Monteon.

382. Un líder en el rol de rector tiene como meta la identidad: fomentar el motivo organizacional. Frase dedicada a Lucero Martínez Báez.

383. El necio busca ser líder para ser más poderoso, el sabio busca ser líder para hacer a otros más poderosos. Frase dedicada a Venancio Patricio Saucedo Sánchez.

384. Un buen líder disfruta cada momento pues sabe que la vida es demasiado corta para ser feliz solo los fines de semana. Frase dedicada a Juan Carlos Gutiérrez Pulido.

385. Un líder puede estar satisfecho cuando por su apoyo una persona se desarrolló más de lo que pudo haberse desarrollado por sí sola. Frase dedicada a Edgar Silva Peña.

386. Todos los líderes deberían aspirar a ser mejores líderes. Frase dedicada a Joao Paulo Soares Reis.

387. A un líder que ha dejado de soñar, le incomoda que sus seguidores sueñen. Frase dedicada a Guillermo Martiñon Martínez.

388. La manifestación colectiva por la partida de un líder es proporcional a su grandeza. Frase dedicada a Fred Rojas.

389. Un líder y su colectivo no alcanzan lo que quieren, alcanzan lo que están dispuestos a sudar. Frase dedicada a Gabriela.

390. El resultado potencial de un líder es inversamente proporcional a la distancia emocional con su colectivo. Frase dedicada a Elsa Amelia López Renteria.

391. Un buen líder entiende que en ocasiones su labor puede ser materia de vida o muerte para él y para quienes le rodean. Frase dedicada a Luz Estela Anaya Tapia.

392. Un líder puede ser extraordinario por haber recibido un talento extraordinario o por haber desarrollado una virtud extraordinaria. Frase dedicada a Liliana.

393. Un líder que no toma riesgos jamás dará un paso adelante. Frase dedicada a Luis Venegas.

José Manuel Vega Báez

394. Dime cómo es tu equipo de colaboradores y te diré la clase de líder eres. Frase dedicada a Pedro García del Valle y Durán.

395. Lo primero que necesita un líder para trascender es un sentido de vida trascendente. Frase dedicada a José Antonio Sánchez Alcalá.

396. Cuando un líder enseña lo que sabe, obtiene el beneficio colateral de aprender lo que no sabe. Frase dedicada a Perla Ivonne.

397. Frente a la adversidad, algunos líderes pierden la esperanza, mientras que otros encuentran la motivación. Frase dedicada a Xavier.

398. Un gran líder sabe que un gran sueño es gratis, pero que para conseguirlo se requiere de un gran pago todos los días. Frase dedicada a Ileana Hernandez Darias.

399. ¿Con qué derecho señalamos la falta de liderazgo institucional sin haber cumplido a cabalidad con el liderazgo que nos corresponde? Frase dedicada a Norma Salazar.

400. ¡Liderar jóvenes es extremadamente valioso y gratificante! Frase dedicada a Carlos López.

401. El buen liderazgo es el mejor remedio para cualquier conflicto colectivo. Frase dedicada a Manuel Vega González.

402. Los grandes líderes no solo aprenden todos los días, también enseñan todos los días. Frase dedicada a Yuridia Ortiz.

403. Cuanto más se vuelca un líder en sus seguidores, menos riesgo tiene de encerrarse en sí mismo. Frase dedicada a Héctor Daniel Ahumada González.

404. La mayor diferencia en el desempeño de un colectivo se produce con base en el sentido de vida de su líder. Frase dedicada a Jorge López.

405. Un líder debe tener siempre presentes a sus seguidores; si se olvida de ellos les brinda el derecho a que lo ignoren. Frase dedicada a Humberto Cervantes Culebro.

406. ¿Cuándo fue la última vez que hiciste algo deliberado para mejorar tu liderazgo? ¿Y para mejorar el liderazgo de tus colaboradores? Frase dedicada a Luis Manuel Herrera Corona.

407. ¿De verdad cada grupo humano tiene al líder que se merece? Frase dedicada a Milton Amilcar López Fajardo.

408. El buen liderazgo, igual que el buen vino, mejora con el paso del tiempo. Frase dedicada a Jesús Ernesto Bravo Galaz.

409. Necesitamos líderes para lo posible, pero necesitamos más líderes para lo imposible. Frase dedicada a Laura RV de Vega.

410. El ejercicio del liderazgo no es un proyecto que tenga final; es un proceso que jamás termina. Frase dedicada a Ana Karina Chapa Franco.

411. No se tiene que ser un gran líder para liderar, pero es necesario liderar para llegar a ser un gran líder. Frase dedicada a Econ Héctor González.

412. Como la mayor parte de los saberes superiores del ser humano, el liderazgo no puede enseñarse, solo se puede aprender. Frase dedicada a Marco Cárdenas.

413. Al evaluar una nueva oportunidad laboral, es más importante saber quién será nuestro futuro líder, a cuál será nuestra futura organización. Frase dedicada a Joel Meza.

414. El ejercicio del liderazgo es un sublime acto de voluntad. Frase dedicada a Daniel.

415. Los malos tiempos deben fortalecer al líder, los buenos tiempos... también. Frase dedicada a Brenda.

416. Para determinar la influencia de un líder basta imaginar el mundo sin su existencia. Frase dedicada a Sandra Ivon Victoria Moreno.

417. El líder debe asegurar la disciplina en su colectivo, pues la anarquía conduce al fracaso grupal. Frase dedicada a Gloria.

418. Si te interesa ser un mejor líder, búscate un líder al que también le interese que tú seas un mejor líder. Frase dedicada a Yara.

419. Cuando un líder y su colectivo consiguen una meta es justo festejar, pero inmediatamente deben definir el siguiente reto. Frase dedicada a Tony.

420. Un líder no se vuelve grande por repetir mil acciones diferentes cinco veces, sino por repetir cinco acciones diferentes mil veces. Frase dedicada a Majo Vega Cebrián.

421. El magisterio es fundamental para la formación de líderes. Frase dedicada a Eduardo Alberto Niño Hernandez.

422. No solo hay que ser un buen líder, también hay que parecer un buen líder. Frase dedicada a Elvia.

423. Si un líder está convencido que su colectivo ya no puede llegar más lejos, tiene razón. Frase dedicada a Jorge Antonio Gil Zamora.

424. El líder tiene la responsabilidad de mejorar su futuro, el de su colectivo y el de su entorno. Frase dedicada a Edith Victoria Urrutia.

425. Un líder de altura reconoce que el desempeño humano depende del talento, la dedicación y la pasión. Frase dedicada a Sergio Arguijo Aguirre.

426. El liderazgo es con mucho la mayor fortaleza que puede tener una organización... y también con mucho su mayor debilidad. Frase dedicada a Marco.

427. El seguimiento oportuno no garantiza el éxito, pero liderar demorando la corrección de desviaciones invariablemente conduce al caos. Frase dedicada a José Segura Flores.

428. Si el liderazgo tuviera color, seguramente sería de color... Frase dedicada a Jaime.

429. Si bien no existe el líder perfecto, sí existen los errores inaceptables. Frase dedicada a Ambar Agüero.

430. Un líder competente será respetado, uno que además tenga buen humor, será apreciado. Frase dedicada a Daniela Hermida Niembro.

431. La labor de un líder se transforma cuando se vuelve anfitrión de los miembros de su colectivo. Frase dedicada a Juan Manuel.

432. Un líder en el rol de administrador tiene como meta la eficiencia: lograr la productividad organizacional. Frase dedicada a Manuel Suárez Fernández.

433. Nuestro liderazgo no puede ser mayor a nuestra influencia y ésta no puede ser mayor a la confianza en nosotros mismos. Frase dedicada a Bertha Lidia Sánchez Gómez.

434. Un buen líder sabe que para crear valor se necesita un colectivo armónico, pero que para perder valor con una persona basta y sobra. Frase dedicada a Marleny G Villela.

435. ¡Arriésgate a pensar y actuar como líder de alto desempeño! Frase dedicada a Anna Vero Murra.

436. Un buen líder no conoce los fracasos, solo las oportunidades de aprender. Frase dedicada a Joaquin Campos Barrientos.

José Manuel Vega Báez

437. A diferencia de la materia y de la energía, el liderazgo sí se crea y sí se destruye. Frase dedicada a Alondra Alcalá Cisneros.

438. La perseverancia del líder es determinante para que su colectivo logre lo que se ha propuesto. Frase dedicada a José Martín Contreras.

439. Un líder en el rol de gobernador tiene como meta la responsabilidad: actuar con prudencia organizacional. Frase dedicada a sejo*

440. Por si la labor de liderar no fuera suficientemente demandante, además es frecuente tener que operar contra el tiempo. Frase dedicada a Jose Luis Chapoy.

441. Alguien con un alto puesto no necesariamente será un buen líder, y alguien que es buen líder no necesariamente tendrá un alto puesto. Frase dedicada a Nora Patricia Velazquez Luevano.

442. El que con buenos líderes se junta, a liderar bien aprende. Frase dedicada a Nancy Marissa Durán Arriaga.

443. Un buen líder sabe que elegir un camino implica renunciar a muchos otros. Frase dedicada a Isaac Montoya Hernandez.

444. Antes de juzgar a nuestro líder, preguntémonos cómo nos juzgarán nuestros seguidores. Frase dedicada a Yanalté Martínez Mijares.

445. ¿Cuál fue el último libro de liderazgo que leíste? ¿Y el último curso de liderazgo que tomaste? Frase dedicada a Carlos De La O.

446. Una hora bien trabajada en soledad por el líder se transforma en semanas de orientación para su colectivo. Frase dedicada a Palazuelos Flores Victor Manuel.

447. Si nuestro liderazgo del pasado sigue impresionándonos, significa que no hemos hecho algo importante a últimas fechas. Frase dedicada a Monserrat Berenice Sánchez Banda.

448. El primer reto para ser líder es ganarse la confianza de la gente y el primer paso para dejarlo de ser es perder esa misma confianza. Frase dedicada a Hilfe Vanessa Schulz Ortíz.

449. Un buen líder sabe que el presente es el futuro del pasado. Frase dedicada a Luciano Rodriguez.

450. Un líder normal oye, un buen líder escucha, pero un gran líder comprende. Frase dedicada a Amandi Felix.

José Manuel Vega Báez

451. Cuando la soberbia satura el espacio del liderazgo, el sentido común no tiene cabida. Frase dedicada a Alicia Andrea Félix Alvarez.

452. El buen liderazgo es como un acertijo que muchos creen entender, pero que pocos saben resolver. Frase dedicada a María Del Carmen Félix Alvarez.

453. Cuando la tensión está al máximo, el líder debe respirar profundamente e inspirar decididamente a su gente. Frase dedicada a Wendy Flores.

454. Un líder no siempre puede tener a los mejores colaboradores, pero siempre puede mejorar a los colaboradores que tiene. Frase dedicada a Jesús Antonio Barajas Ruiz.

455. Pensemos en nuestro modelo de líder, todos tenemos uno... Ahora reflexionemos: ¿quiénes pensarán en nosotros como su modelo de líder? Frase dedicada a Juan Carlos Olivo.

456. ¡Vivamos intensamente la fascinante aventura del liderazgo! Frase dedicada a Silvia.

457. El liderazgo acertado siempre deja una huella indeleble en los seguidores. Frase dedicada a Martin Angeles.

458. Dime cuáles son tus miedos y te diré cuáles son tus barreras para ser un mejor líder. Frase dedicada a Jesús Vega.

459. El poder, la fama y el dinero no cambian a un líder, solo magnifican lo que ya era desde antes. Frase dedicada a Gabriela Anahi Contreras Cruz.

460. En el ejercicio del liderazgo, el servicio a la verdad libera, mientras que el servicio al poder esclaviza. Frase dedicada a Cuauhtemoc Benitez Salcedo.

461. El ejercicio del liderazgo jamás podrá ser aburrido pues en su esencia lleva el dinamismo propio de la experimentación. Frase dedicada a Jose.

462. Un buen líder sabe que la felicidad duradera de sus seguidores no depende de lo que puedan tener, sino de lo que puedan llegar a ser. Frase dedicada a Jorge Hamdan Hernández.

463. Cuando un líder deja de soñar, es mejor que deje de liderar. Frase dedicada a Paty Cebrián.

464. Los malos líderes se complican la vida... y de paso se la complican a otros. Frase dedicada a Gema Janet Cortes Gutiérrez.

465. El desempeño de un colectivo comienza a determinarse en los pensamientos de su líder. Frase dedicada a Alma Arcelia Gonzalez Lozano.

466. Hay que superar cuanto antes el reto de pasar de la obligación de mandar, al gusto por liderar. Frase dedicada a Julio Alvarado.

467. En los tiempos de cambio acelerado el reto del líder es doble: asimilarlo y lograr que su gente lo asimile. Frase dedicada a Rebeca Trujillo Sanchez.

468. Hay tres tipos de líderes: los que tienen éxito, los que se imaginan tener éxito y los que no saben lo que es el éxito. Frase dedicada a José Víctor Santiago Santiago.

469. ¿Por qué si a un nuevo piloto le requerimos horas de vuelo para hacerse cargo de una aeronave, no hacemos lo mismo con un nuevo líder? Frase dedicada a Luis Angel Vega Baez.

470. En cualquier grupo humano, nada sustituye al buen liderazgo. Frase dedicada a ALF.

471. Siempre será más útil un líder con buen humor, que un líder con mal humor. Frase dedicada a Jesús Armando Corrales.

472. El líder que espera eliminar todos los riesgos, jamás avanzará de donde se encuentra. Frase dedicada a Ricardo.

473. La capacidad de influencia en los demás denota la magnitud del liderazgo que puede desplegarse. Frase dedicada a José Ramón Murillo Portilla.

474. Tres consejos para ser un mejor líder: 1) escucha a tu gente, 2) escucha a tu gente, 3) escucha a tu gente. Frase dedicada a Alan Arturo Calderón Velderrain.

475. La solidaridad en el ejercicio del liderazgo es básica pues un colectivo se quebranta por sus integrantes más frágiles. Frase dedicada a Fer Salmón.

476. El liderazgo juvenil es doblemente benéfico pues los jóvenes formados tendrán mucho más tiempo para desplegar su influencia positiva. Frase dedicada a Luis Manuel.

477. Los líderes excelsos son auténticos, idealistas y generosos. Frase dedicada a María Elena.

478. Todos los líderes pueden mejorar, excepto aquellos que se creen perfectos. Frase dedicada a Jorge Cebrián Aguiar.

479. En el caso de un líder, el sentido común no puede ser el menos común de sus sentidos. Frase dedicada a Angélica Ordaz Salazar.

José Manuel Vega Báez

480. Un líder con fe, avanza; un líder con esperanza, persiste; un líder con generosidad, conquista. Frase dedicada a Mayra Rico Valdovinos.

481. Un buen líder cuida sus recursos; sabe que el dinero va y viene, pero que el tiempo solo va, jamás regresa. Frase dedicada a Christian M. López Torre.

482. La única manera de transformar una organización ordinaria en lo que le sigue es con la guía de un líder extraordinario. Frase dedicada a Cecilia Salazar.

483. Los aciertos y tropiezos de un colectivo son consecuencia de las decisiones y omisiones de su líder a lo largo de su ciclo de gestión. Frase dedicada a José Manuel Ramírez Tovilla.

484. Los líderes ordinarios jamás tendrán sueños extraordinarios. Frase dedicada a Dinorah Ariadna V.

485. Un buen líder promueve el bien común y reprueba las acciones que lo dañan. Frase dedicada a Abel Zarem.

486. La decadencia de una colectividad se inicia a partir de la decadencia de sus líderes. Frase dedicada a Andres Ponce.

487. Cualquier fecha es adecuada para renovar el entusiasmo de ser un mejor líder. Por ejemplo, ¡HOY! Frase dedicada a Robinson Andrés Román Santamaría.

488. Un buen líder sabe que si lucha puede ganar o puede perder, pero que si no lucha, de antemano está perdido. Frase dedicada a Araceli Jiménez Lima.

489. Para triunfar como persona hay que crecer como persona, para triunfar como líder hay que hacer crecer a otras personas. Frase dedicada a Marco Vega.

490. Si creemos que el liderazgo no nos incumbe, basta con pensar que siempre hay alguien que atiende -o que no atiende- a nuestro llamado. Frase dedicada a Pablo Diestro.

491. Los verdaderos líderes han superado verdaderas adversidades. Frase dedicada a Nalleli Guerra.

492. A un líder falto de sentido común también le faltará el respaldo colectivo. Frase dedicada a Rosa Velia Sánchez Gómez.

493. La madera de líder no es suficiente para edificar la embarcación del éxito colectivo. Frase dedicada a mel*

494. Cuando un líder habla correctamente, persuade; pero cuando además actúa correctamente, convence. Frase dedicada a Javier Gonzalez Ramirez.

495. Únicamente el liderazgo visionario puede explicar la transformación del mundo sin peras, solo con manzanas. Frase dedicada a Saul Socrates Burgos Olvera.

496. Si a un líder y su colectivo no les gusta donde se encuentran, es imperativo que se muevan antes de que se acostumbren. Frase dedicada a Roberto Ayala Maldonado.

497. Tenemos ejecutivos privados y funcionarios públicos de sobra, pero sigue habiendo muchas vacantes disponibles para líderes verdaderos. Frase dedicada a Fernanda Arguijo Aguirre.

498. Se nota a leguas cuando un líder comienza algo trascendente. Frase dedicada a Susana Mendoza Plata.

499. El mayor reconocimiento a quienes se esfuerzan en desarrollar su liderazgo. Frase dedicada a Luis Enrique López León.

500. Un buen líder no puede permitirse el lujo de confundir su percepción con la realidad. Frase dedicada a Mayeth Yanalté Mijares Villarreal.

501. El ejercicio del liderazgo requiere eventualmente apartarse de la rutina para tomar aire fresco. Frase dedicada a Gabriel Briseño Rivera.

502. Cuando en el ejercicio del liderazgo deja de fluir la adrenalina, es el momento de buscar nuevos horizontes. Frase dedicada a Ana Maria Ponce.

503. ¿Acaso hay algo más satisfactorio para un líder que ser promotor y testigo del progreso de los miembros de su colectivo? Frase dedicada a Leticia.

504. Tres consejos para ser un mejor líder: 1) nunca dejes de aprender, 2) nunca dejes de aprender, 3) nunca dejes de aprender. Frase dedicada a Elizabeth.

505. Si tu liderazgo no tiene un desafío estimulante, ¡invéntalo! Frase dedicada a Estela Macuil Arriaga.

506. Es irremplazable el lugar que deja un gran líder al marcharse para siempre. Frase dedicada a Martín Paredes Mulatillo.

507. Un buen líder reconoce que los síntomas de un problema son solo la punta del iceberg. Frase dedicada a Anyelo Rodríguez García.

José Manuel Vega Báez

508. La grandeza de un líder se edifica día a día, cultivando su inteligencia y formando su voluntad. Frase dedicada a Ángel Salvador Báez Chávez.

509. Es mucho más probable que un líder alcance el éxito cuando sale a buscarlo, que cuando se queda a esperarlo. Frase dedicada a Maria Delia Torres Vázquez.

510. Deseemos con fervor que todos los líderes del mundo ejerzan una influencia positiva que conduzca a una mejor humanidad. Frase dedicada a Ricardo Edmundo Silva Torres.

511. La función del líder se parece a la del sol, que hace la diferencia entre la incertidumbre de la oscuridad y la certeza de la claridad. Frase dedicada a Henry Chávez.

512. Si un buen líder es un buen amigo, es doblemente buen líder. Frase dedicada a Felix Delgado.

513. Nunca se sabe hasta dónde llegará un liderazgo que comienza con buen humor. Frase dedicada a Jose Gpe Esparza Canto.

514. Un buen líder sabe que es mejor hacer que decir, pues los hechos hablan por sí solos. Frase dedicada a Laurencio.

515. La victoria como resultado del correcto ejercicio del liderazgo es ¡sensacionalmente contagiosa! Frase dedicada a Pedro Ramirez.

516. Los padres tienen el privilegio y la responsabilidad natural e irrenunciable de ejercer el liderazgo filial. Frase dedicada a Ricky Vega Cebrián.

517. El correcto ejercicio del liderazgo conlleva "el grave riesgo" de propiciar el desarrollo integral de los colaboradores. Frase dedicada a Andrea Asuncion Aguirre Lopez.

518. Pocas actividades son tan efectivas para fortalecer el liderazgo y la cohesión grupal como la simple acción de compartir los alimentos. Frase dedicada a Rubén Sánchez Allende.

519. Todo liderazgo contiene el matiz valoral de quien lo ejerce. Frase dedicada a Martha Arenas.

520. Para que sea bien recibido, el aroma del liderazgo tiene que ser agradable. Frase dedicada a Alejandro.

521. Un buen líder sabe que la riqueza es la abundancia multidimensional de posibilidades. Frase dedicada a Daniel Revilla Cebrian.

522. Los errores de un líder pueden ser de ánimo, de pensamiento, de palabra, de acción o de omisión. Frase dedicada a Carolina.

523. No bastan las ganas de ser un mejor líder, son indispensables las ganas de trabajar para ser un mejor líder. Frase dedicada a Martz.

524. El ejercicio del liderazgo deambula entre la abstracción de los grandes sueños y su concreción en la realidad cotidiana. Frase dedicada a Aristeo Arturo Acosta.

525. Si tus propios talentos, tu propia dedicación y tu propia pasión no te alcanzan para lograr tus sueños, necesitas convertirte en líder. Frase dedicada a Lizandro Medrano Rentería.

526. Un buen líder debe provocar en su colectivo ¡Ánimo y ACCIÓN! Frase dedicada a Dora María Mendoza Díaz.

527. Todos los líderes tienen más círculos de influencia de los que se imaginan. Frase dedicada a Maricarmen Huerta Contreras.

528. Un buen líder solo puede hacer dos cosas con el talento: reconocerlo y desarrollarlo. Frase dedicada a Raymundo Armendáriz.

529. Para los buenos líderes el problema no es la tormenta, el reto es cómo aprovecharla para crecer. Frase dedicada a Sandra Maricela Aguilar Rodriguez.

530. Un buen líder edifica una fraternidad de confianza en la que florece la cooperación para alcanzar las metas. Frase dedicada a Hector Merlos.

531. En cualquier ámbito humano, uno de los grandes desafíos del líder es lograr el balance entre la tradición y el progreso. Frase dedicada a Geovany López Ruiz.

532. Soñé que era un gran líder. Desperté y me percaté que la grandeza inicia liderando correctamente a quienes hoy recibirán mi influencia. Frase dedicada a Guillermo Rodriguez Quesada.

533. Un buen líder sabe que los grandes barcos viran poco a poco. Frase dedicada a Omar González Espinosa.

534. Un buen líder concreta lo posible antes de lanzarse en pos de lo imposible. Frase dedicada a Hugo Hernandez Monteon.

535. Un colectivo jamás podrá llegar más allá de donde pueda conducirlo su líder en turno. Frase dedicada a Lucero Martínez Báez.

José Manuel Vega Báez

536. Todos los líderes comienzan siendo pequeños, pero tienen que comenzar para llegar a ser grandes. Frase dedicada a Venancio Patricio Saucedo Sánchez.

537. Un líder visionario es capaz de ver el valle prometido antes de comenzar a subir la montaña que lo antecede. Frase dedicada a Juan Carlos Gutiérrez Pulido.

538. Es sencillo proyectar una apariencia, pero solo en los lances definitorios puede constatarse de qué está hecho un líder. Frase dedicada a Edgar Silva Peña.

539. Todo líder debería aspirar a ser un gran gimnasta, encontrando el balance entre la planeación visionaria y la instrumentación armónica. Frase dedicada a Joao Paulo Soares Reis.

540. Cuando se lidera para servir es cuando se sirve para liderar. Frase dedicada a Guillermo Martiñon Martínez.

541. Un líder no vale por lo que tiene, vale por lo que es cuando no tiene nada. Frase dedicada a Fred Rojas.

542. ¿Acaso es un dilema liderar o no liderar?... Entonces habrá que hacerlo correctamente. Frase dedicada a Gabriela.

543. Todos los líderes tienen sangre de guerrero, pero no todos los guerreros tienen sangre de líder. Frase dedicada a Elsa Amelia López Rentería.

544. Un liderazgo apasionado no garantiza el éxito, pero un liderazgo sin pasión invariablemente conduce al caos. Frase dedicada a Luz Estela Anaya Tapia.

545. Es socialmente indispensable y urgente avanzar del ejercicio del buen liderazgo, al ejercicio del liderazgo sustentable. Frase dedicada a Liliana.

546. Un buen líder sabe que la mejor forma de mantener la inercia grupal es la celebración colectiva, seguida de un nuevo compromiso grupal. Frase dedicada a Luis Venegas.

547. El buen liderazgo siempre es armónico, aunque jamás perfecto. Frase dedicada a Pedro García del Valle y Durán.

548. Un mundo sin líderes es imposible; uno sin líderes virtuosos es insufrible. Frase dedicada a José Antonio Sánchez Alcalá.

549. El líder de un colectivo debe ser capaz de sumar razones y de multiplicar intuiciones. Frase dedicada a Perla Ivonne.

José Manuel Vega Báez

550. Un buen líder no es el que no tiene problemas, es el que tiene las habilidades para resolverlos. Frase dedicada a Xavier.

551. El caminar de un líder debe ser tan firme que tiempo después pueda ser seguido solo por las huellas que dejó. Frase dedicada a Ileana Hernandez Darias.

552. La mejor prueba de la vasta riqueza intrínseca del liderazgo es la incapacidad de las computadoras para llevarlo a cabo. Frase dedicada a Norma Salazar.

553. Un buen líder sabe que nadie puede modificar sus aptitudes natas, pero que todos pueden cambiar su actitud frente a las circunstancias. Frase dedicada a Carlos López.

554. La comunicación de un líder siempre debe comenzar escuchando. Frase dedicada a Manuel Vega González.

555. El liderazgo es el factor más determinante para la sinergia de un colectivo. Frase dedicada a Yuridia Ortiz.

556. El líder que experimenta la adversidad cuenta con la gran oportunidad de fortalecerse. Frase dedicada a Héctor Daniel Ahumada González.

557. Un buen líder sabe que el gran riesgo de la democracia es que la mayoría puede estar equivocada. Frase dedicada a Jorge López.

558. El líder realmente comprometido jamás deja de pensar en su gente, solo cambia el sitio en el que la recuerda. Frase dedicada a Humberto Cervantes Culebro.

559. Liderar un equipo de colaboradores es como armar un rompecabezas en el que cada persona debe encajar en el sitio idóneo. Frase dedicada a Luis Manuel Herrera Corona.

560. El liderazgo formal se ejerce desde un nombramiento exterior mientras que el liderazgo informal se proyecta desde un contenido interior. Frase dedicada a Milton Amilcar López Fajardo.

561. Liderar para ganar es muy diferente a liderar para no perder. Frase dedicada a Jesús Ernesto Bravo Galaz.

562. Es bueno ser un líder importante, pero es más importante ser un líder bueno. Frase dedicada a Laura RV de Vega.

563. El liderazgo es una pericia que puede perfeccionarse con capacitación y entrenamiento. Frase dedicada a Ana Karina Chapa Franco.

564. ¡Admiremos y apoyemos a los jóvenes, a los líderes jóvenes y a los formadores de líderes jóvenes! Frase dedicada a Econ Héctor González.

565. El liderazgo como la lluvia, debe ser fuente de vida; su ausencia mata por sequía y su exceso por inundación. Frase dedicada a Marco Cárdenas.

566. Los buenos líderes nunca dejan de desarrollarse y los grandes líderes además, nunca dejan de desarrollar nuevos líderes. Frase dedicada a Joel Meza.

567. El liderazgo juvenil es único: vitalidad inagotable, capacidad soñadora, inconformidad constante, compañerismo leal y audacia temeraria. Frase dedicada a Daniel.

568. Para liderar con pasión es necesario tener pasión de liderar. Frase dedicada a Brenda.

569. Es imposible que las personas confíen en un líder que no confía en sí mismo. Frase dedicada a Sandra Ivon Victoria Moreno.

570. Es preferible que un líder sea esclavo del conocimiento a que lo sea de la ignorancia. Frase dedicada a Gloria.

571. Cuando un líder conoce el peso de sus palabras sabe lo importante que puede ser guardar silencio. Frase dedicada a Yara.

572. El liderazgo puede ser visto como una bella arte en la que se expresa con autenticidad lo mejor de uno mismo. Frase dedicada a Tony.

573. Nunca debe faltar la gratitud en el ejercicio del liderazgo, pues el líder jamás podría alcanzar las metas en solitario. Frase dedicada a Majo Vega Cebrián.

574. Evitar cometer errores no garantiza el éxito, pero liderar cometiendo errores importantes e inoportunos invariablemente conduce al caos. Frase dedicada a Eduardo Alberto Niño Hernandez.

575. Siempre es preferible un líder efectivo a un líder eficiente. Frase dedicada a Elvia.

576. No basta que un líder comprenda su realidad, es necesario que la transforme. Frase dedicada a Jorge Antonio Gil Zamora.

577. La falta de educación y la falta de liderazgo son la raíz del resto de nuestros males. Frase dedicada a Edith Victoria Urrutia.

José Manuel Vega Báez

578. Es imposible que un líder perfeccione en los demás aquello que no puede perfeccionar en sí mismo. Frase dedicada a Sergio Arguijo Aguirre.

579. El primer paso para ser un líder de excelencia es reconocer que no lo somos, pero que podemos llegar a serlo. Frase dedicada a Marco.

580. Para concretar el proceso de cambio, un buen líder transforma el entusiasmo inicial de sus seguidores en nuevos hábitos. Frase dedicada a José Segura Flores.

581. Pocas experiencias superan la satisfacción de un líder que trabaja codo a codo con su gente y al final de la jornada conquistan la meta. Frase dedicada a Jaime.

582. Un buen líder es especialista en hacer que las cosas sucedan. Frase dedicada a Ambar Agüero.

583. Para que un líder navegue por los siete mares, debe comenzar con el primero. Frase dedicada a Daniela Hermida Niembro.

584. Los grandes líderes no cambian vidas, inspiran a que cada quien cambie su propia vida. Frase dedicada a Juan Manuel.

585. Solo los líderes excelsos son capaces de ofrendar su vida por sus seguidores. Frase dedicada a Manuel Suárez Fernández.

586. La única manera de crear y gestionar una organización de clase mundial, es con un liderazgo de clase mundial. Frase dedicada a Bertha Lidia Sánchez Gómez.

587. Uno de los primeros logros de los grandes líderes es su capacidad de decidir con base en sus ideales y no en sus miedos. Frase dedicada a Marleny G Villela.

588. A semejanza del Sol, el liderazgo duradero exige la irradiación constante de luz y energía, sin lo cual resulta impensable la vida misma. Frase dedicada a Anna Vero Murra.

589. Un buen líder sabe que el éxito no es fácil, pero es posible. Frase dedicada a Joaquin Campos Barrientos.

590. Un buen líder, como un buen chef, no se conforma con las recetas de siempre. Frase dedicada a Alondra Alcalá Cisneros.

591. No hay duda alguna: a leguas puede distinguirse un buen líder de alguien que no lo es. Frase dedicada a José Martín Contreras.

José Manuel Vega Báez

592. Un buen hombre podría ser un buen líder, pero un buen líder no siempre podría ser un buen hombre. Frase dedicada a sejo*

593. Al ejercer el liderazgo se acepta la responsabilidad de desarrollar al máximo a cada uno de los colaboradores. Frase dedicada a Jose Luis Chapoy.

594. El sentido de pertenencia pleno solo ocurre si el líder conoce a cada miembro de su colectivo y ellos también le conocen. Frase dedicada a Nora Patricia Velazquez Luevano.

595. Un buen líder aprovecha el cambio de lienzo para proponer los nuevos trazos que serán la base de su próxima creación. Frase dedicada a Nancy Marissa Durán Arriaga.

596. Un líder se vuelve grande cuando sueña y trabaja a lo grande. Frase dedicada a Isaac Montoya Hernandez.

597. Un líder sin visión es como una vela sin pabilo, que adorna pero no ilumina. Frase dedicada a Yanalté Martínez Mijares.

598. Nosotros es la palabra que demuestra un correcto liderazgo del sentido de pertenencia. Frase dedicada a Carlos De La O.

599. Un buen líder debe ser igualmente capaz de premiar que de sancionar, según lo amerite la ocasión. Frase dedicada a Palazuelos Flores Victor Manuel.

600. Algo muy estimulante en el ejercicio del liderazgo es la oportunidad permanente de aprender de los seguidores. Frase dedicada a Monserrat Berenice Sánchez Banda.

601. La ausencia de liderazgo se llama anarquía y su abuso dictadura; el secreto consiste en encontrar el punto de equilibrio. Frase dedicada a Hilfe Vanessa Schulz Ortíz.

602. Un buen síntoma de progreso en la cohesión grupal es cuando la charla entre el líder y su gente resulta provechosa, amena e interminable. Frase dedicada a Luciano Rodriguez.

603. El mejor liderazgo es el que forma y transforma seres humanos. Frase dedicada a Amandi Felix.

604. Una persona que tiene que estar repitiendo que es líder, de seguro no lo es. Frase dedicada a Alicia Andrea Félix Alvarez.

605. Si un líder puede utilizar el sexto sentido, ¿por qué conformarse con usar solo cinco? Frase dedicada a María Del Carmen Félix Alvarez.

José Manuel Vega Báez

606. Un líder no siempre puede reducir la incertidumbre, pero tampoco debe contribuir a su incremento. Frase dedicada a Wendy Flores.

607. En el liderazgo familiar puede vivirse el amor emotivo, volitivo y trascendente en su máxima expresión humana. Frase dedicada a Jesús Antonio Barajas Ruiz.

608. Las organizaciones solo tienen dos maneras de hacerse de líderes extraordinarios: buscándolos fuera o formándolos dentro. Frase dedicada a Juan Carlos Olivo.

609. El balance del talento individual y colectivo no garantiza el éxito, pero liderar concentrando el talento invariablemente conduce al caos. Frase dedicada a Silvia.

610. Hay que tener cautela con un líder que dice nunca equivocarse. Frase dedicada a Martin Angeles.

611. ¿Quieres llegar muy alto? Busca un líder que pueda guiarte hasta lo más alto. Frase dedicada a Jesús Vega.

612. Un buen líder hace lo que le corresponde, mientras que un gran líder siempre hace más. Frase dedicada a Gabriela Anahi Contreras Cruz.

613. Cuando las células del liderazgo familiar se dañan, el organismo del liderazgo social se corrompe. Frase dedicada a Cuauhtemoc Benitez Salcedo.

614. Hay que multiplicar las acciones personales que fomenten el liderazgo positivo en nuestro entorno más cercano. Frase dedicada a Jose.

615. Un buen líder debe privilegiar el diálogo colaborativo con su gente por sobre cualquier otro medio de toma de decisiones. Frase dedicada a Jorge Hamdan Hernández.

616. El liderazgo tiene mucho que ver con la celebración de ritos, por lo que es básico que cada líder escoja aquellos que marcarán su gestión. Frase dedicada a Paty Cebrián.

617. La culpa no es del colaborador, sino de quien lo nombra líder. Frase dedicada a Gema Janet Cortes Gutiérrez.

618. Cuando un líder llega a un territorio nuevo debe observar, escuchar y actuar. Frase dedicada a Alma Arcelia Gonzalez Lozano.

619. Un líder sin sentido común es como una brújula sin aguja, incapaz de señalar el norte. Frase dedicada a Julio Alvarado.

José Manuel Vega Báez

620. El gran secreto del liderazgo no radica en ser el mejor del colectivo, sino en hacer mejor al colectivo. Frase dedicada a Rebeca Trujillo Sanchez.

621. Hay tres tipos de líderes: lo que activan el cambio, los que se adaptan al cambio y los que aplazan el cambio. Frase dedicada a José Víctor Santiago Santiago.

622. Un buen líder sabe que si no encuentra la respuesta al cambiar de página, de seguro es porque tiene que cambiar de libro. Frase dedicada a Luis Angel Vega Baez.

623. Un buen líder jamás subestima la trascendencia de su influencia, pues sabe exactamente donde comienza, pero desconoce hasta dónde llegará. Frase dedicada a ALF.

624. La mayor fuente de solidez de un líder es la que lleva dentro. Frase dedicada a Jesús Armando Corrales.

625. El ingrediente más importante para el liderazgo familiar duradero es el amor. Frase dedicada a Ricardo.

626. Cuando un líder y su colectivo tienen éxito, se ganan amigos falsos y enemigos verdaderos. Frase dedicada a José Ramón Murillo Portilla.

627. Hay cuatro tipos de líderes: los que suman, los que restan, los que dividen y los que multiplican. Frase dedicada a Alan Arturo Calderón Velderrain.

628. La batalla más importante que todo líder debe librar es en contra de la desconfianza al interior de su colectivo. Frase dedicada a Fer Salmón.

629. A veces un líder señala hacia la estrella más brillante y algunos de sus seguidores se quedan contemplando su dedo índice. Frase dedicada a Luis Manuel.

630. Una de las mejores cualidades de un buen líder es su capacidad de aprender con celeridad lo que los integrantes de su colectivo le enseñan. Frase dedicada a María Elena.

631. La mejor manera de predicar sobre liderazgo es con el ejemplo. Frase dedicada a Jorge Cebrián Aguiar.

632. El liderazgo siempre debe ser parte de la solución, jamás parte del problema. Frase dedicada a Angélica Ordaz Salazar.

633. El liderazgo visionario es el primer impulsor del desarrollo de la civilización humana. Frase dedicada a Mayra Rico Valdovinos.

634. La cantidad de energía que un colectivo genera es directamente proporcional al dinamismo de su líder. Frase dedicada a Christian M. López Torre.

635. La voz del líder debe escucharse como una melodía favorita, que alimenta al espíritu e inspira a dar lo mejor. Frase dedicada a Cecilia Salazar.

636. Algunos líderes influyen valiéndose de la fuerza, algunos valiéndose de la inteligencia y algunos valiéndose de la pasión. Frase dedicada a José Manuel Ramírez Tovilla.

637. Como cualquier otra persona que busca hacer la diferencia en su comunidad, el líder únicamente aporta su talento, su dedicación y su pasión. Frase dedicada a Dinorah Ariadna V.

638. Un buen líder sabe que la riqueza económica se mide en tiempo. Frase dedicada a Abel Zarem.

639. La decadencia de un líder comienza cuando su pasado pesa más que su porvenir. Frase dedicada a Andres Ponce.

640. Elegir a un buen líder es todo un reto porque caras vemos, pero intenciones no sabemos. Frase dedicada a Robinson Andrés Román Santamaría.

641. Solo hay dos clases de líderes: los que logran las metas y los que se justifican por no lograrlas. Frase dedicada a Araceli Jiménez Lima.

642. Las personas que más ayuda requieren en materia de liderazgo generalmente están seguras que no les hace falta. Frase dedicada a Marco Vega.

643. Con mucho orgullo y gratitud debemos reconocer que la primera semilla de liderazgo que recibimos provino de nuestra madre. Frase dedicada a Pablo Diestro.

644. Cuando a un buen líder le impresiona la montaña por escalar, basta un vistazo a la fortaleza de su colectivo para saber que juntos lo lograrán. Frase dedicada a Nalleli Guerra.

645. Un buen líder trabaja más en su carácter que en su reputación. Frase dedicada a Rosa Velia Sánchez Gómez.

646. Las únicas puertas que un líder no debe abrir son las que no le corresponden. Frase dedicada a mel*

647. Hay líderes malos y hay malos líderes, pero solo estos últimos merecen una oportunidad. Frase dedicada a Javier Gonzalez Ramirez.

José Manuel Vega Báez

648. Un buen líder no solo debe saber leer entre líneas, también debe saber escribir en medio de ellas. Frase dedicada a Saul Socrates Burgos Olvera.

649. Los líderes del pasado son historia, los del presente son realidad, y los del futuro solo son una posibilidad. Frase dedicada a Roberto Ayala Maldonado.

650. Después de señalarle la meta a su colectivo, el siguiente reto del líder consiste en contagiarle el entusiasmo para lograrla. Frase dedicada a Fernanda Arguijo Aguirre.

651. El liderazgo de clase mundial comienza con un propósito visionario que debe hacerse realidad con acciones concretas en tiempos determinados. Frase dedicada a Susana Mendoza Plata.

652. A caminar se aprende caminando, a liderar se aprende liderando. Frase dedicada a Luis Enrique López León.

653. Los grandes líderes dominan al menos dos lenguajes: el verbal y el no verbal. Frase dedicada a Mayeth Yanalté Mijares Villarreal.

654. Líder es la persona que guía a una colectividad en la conquista de un sueño compartido. Frase dedicada a Gabriel Briseño Rivera.

655. Un buen líder sabe que el dolor del arrepentimiento siempre es mayor al dolor de la perseverancia. Frase dedicada a Ana Maria Ponce.

656. Pese a la diversidad, un buen líder siempre encuentra un lenguaje común entre los integrantes de su colectivo. Frase dedicada a Leticia.

657. El dominio de las técnicas de liderazgo es socialmente conveniente solo cuando la visión del líder persigue el bien común. Frase dedicada a Elizabeth.

658. El liderazgo es similar a la agricultura pues requiere laboriosidad y paciencia: tiempo de preparación, de siembra, de cuidado y de cosecha. Frase dedicada a Estela Macuil Arriaga.

659. Solo los líderes incansables son capaces de logros impensables. Frase dedicada a Martín Paredes Mulatillo.

660. Si el ejercicio del liderazgo fuera sencillo, cualquiera sería un gran líder. Frase dedicada a Anyelo Rodríguez García.

661. Líder exitoso es aquel que consigue resultados extraordinarios con personas ordinarias. Frase dedicada a Ángel Salvador Báez Chávez.

662. Un líder en el rol de director tiene como meta la efectividad: lograr el resultado organizacional. Frase dedicada a Maria Delia Torres Vázquez.

663. Solo hay dos tipos de líderes: los que tienen mentalidad de plenitud y los que tienen mentalidad de estrechez. Frase dedicada a Ricardo Edmundo Silva Torres.

664. El resultado potencial del liderazgo es directamente proporcional al tiempo que se invierte en los integrantes del colectivo. Frase dedicada a Henry Chávez.

665. La diferencia inicial entre un líder y alguien que no lo es, radica en la inteligencia y voluntad, que potencian el resto de las facultades. Frase dedicada a Felix Delgado.

666. Solo quien no conoce el buen liderazgo afirma que es imposible. Frase dedicada a Jose Gpe Esparza Canto.

667. Siempre será mejor un líder en el escenario, que cien líderes en las butacas. Frase dedicada a Laurencio.

668. Ningún líder es tan pobre que no pueda dar algo, ni tan rico que no pueda recibir algo. Frase dedicada a Pedro Ramirez.

669. El deseo de liderazgo inicia al descubrir una causa cuya pasión motiva a compartirla con los demás. Frase dedicada a Ricky Vega Cebrián.

670. Tres consejos para ser un mejor líder: 1) busca el bien común, 2) busca el bien común, 3) busca el bien común. Frase dedicada a Andrea Asuncion Aguirre Lopez.

671. En el ejercicio del liderazgo resulta fundamental la noción del tiempo ya que todos los objetivos tienen plazo perentorio. Frase dedicada a Rubén Sánchez Allende.

672. Un líder que busca lo que separa a los integrantes de su colectivo, lo encontrará; un líder que busca lo que los une, también lo encontrará. Frase dedicada a Martha Arenas.

673. Un buen líder sabe que las oportunidades no aparecen: se crean. Frase dedicada a Alejandro.

674. Solo la magia del liderazgo transforma a los colaboradores espectacularmente. Frase dedicada a Daniel Revilla Cebrian.

675. Todo el tiempo que un líder habla deja de escuchar lo que los demás tienen que decirle. Frase dedicada a Carolina.

José Manuel Vega Báez

676. En su concepción más objetiva, el liderazgo siempre es cuestión de resultados, no de explicaciones. Frase dedicada a Martz.

677. Un buen líder reconoce que el equipo que hace cumbre es tan importante como el equipo del campamento de apoyo. Frase dedicada a Aristeo Arturo Acosta.

678. Es bueno que una persona emprenda el vuelo interminable del liderazgo, pero es mejor cuando además enseña a otros a volar. Frase dedicada a Lizandro Medrano Rentería.

679. La insatisfacción con un líder se presenta cuando la experiencia de sus seguidores es superada por la expectativa que se habían creado de él. Frase dedicada a Dora María Mendoza Díaz.

680. El frío más intenso nunca debe apoderarse del corazón del líder. Frase dedicada a Maricarmen Huerta Contreras.

681. Todos los grandes líderes más de una vez fueron señalados como grandes locos. Frase dedicada a Raymundo Armendáriz.

682. Un buen líder está obligado a ver más allá de lo que sus ojos son capaces de mostrarle. Frase dedicada a Sandra Maricela Aguilar Rodriguez.

683. La buena música que resulta de un buen liderazgo, siempre será apreciada por cualquier buen oyente. Frase dedicada a Hector Merlos.

684. Un buen líder sabe que es imposible disfrutar de un nuevo día mientras se continúe recordando el día anterior. Frase dedicada a Geovany López Ruiz.

685. La construcción de un estilo de liderazgo auténtico es un trabajo de toda la vida que requiere acciones concretas diarias. Frase dedicada a Guillermo Rodriguez Quesada.

686. Ser líder implica el gran reto de mantener unido al colectivo mientras se le conduce rumbo a la cima, pues de muy poco sirve llegar en solitario. Frase dedicada a Omar González Espinosa.

687. El líder que sabe lo que siembra, sabe también lo que cosechará. Frase dedicada a Hugo Hernandez Monteon.

688. Un buen líder es experto en transformar los buenos deseos en buenos destinos. Frase dedicada a Lucero Martínez Báez.

689. Un buen líder sabe que dar menos del 100% de su capacidad es un desperdicio de talento. Frase dedicada a Venancio Patricio Saucedo Sánchez.

José Manuel Vega Báez

690. Muchas veces el correcto ejercicio del liderazgo es un acto de heroísmo que jamás será condecorado. Frase dedicada a Juan Carlos Gutiérrez Pulido.

691. Un líder con talento es bueno, uno con talento y dedicación es mejor, pero uno además con pasión es imparable. Frase dedicada a Edgar Silva Peña.

692. La correcta conformación de un colectivo no garantiza el éxito, pero su liderazgo defectuoso invariablemente conduce al caos. Frase dedicada a Joao Paulo Soares Reis.

693. Así como una línea recta es una sucesión ordenada de puntos, el liderazgo efectivo es una sucesión ordenada de decisiones y acciones correctas. Frase dedicada a Guillermo Martiñon Martínez.

694. Nuestro mundo requiere con urgencia un mayor liderazgo femenino. Frase dedicada a Fred Rojas.

695. Cuando un líder no sabe planear, su probabilidad de éxito se reduce al mínimo. Frase dedicada a Gabriela.

696. Un buen líder sabe que el paso del tiempo es absoluto, pero que su impacto es relativo. Frase dedicada a Elsa Amelia López Renteria.

697. Para alcanzar el éxito, todo gran proyecto requiere de un gran colectivo encabezado por un gran líder. Frase dedicada a Luz Estela Anaya Tapia.

698. Un líder ordinario acepta un "no se puede"; un líder extraordinario pregunta: ¿cómo hacemos para que se pueda? Frase dedicada a Liliana.

699. La perspectiva se transforma por completo si más allá de lograr resultados el líder construye una comunidad con propósito. Frase dedicada a Luis Venegas.

700. No es necesario que un líder sea el más talentoso de su colectivo, pero es imprescindible que sea el más dedicado y el más apasionado de todos. Frase dedicada a Pedro García del Valle y Durán.

701. Sin un liderazgo responsable es impensable un futuro promisorio. Frase dedicada a José Antonio Sánchez Alcalá.

702. En el ejercicio del liderazgo es fundamental señalar con claridad los límites. Frase dedicada a Perla Ivonne.

703. Un buen líder tiene un par de ojos y un par de oídos por cada uno de sus colaboradores. Frase dedicada a Xavier.

704. Si un líder ve un problema, será un problema. Si un líder ve una oportunidad, será una oportunidad. Frase dedicada a Ileana Hernandez Darias.

705. Una de las actividades más gratificantes del líder ocurre cuando ayuda a que alguien se libere de una atadura. Frase dedicada a Norma Salazar.

706. La respuesta a los problemas de la humanidad solo podrá provenir del correcto ejercicio del liderazgo a todos los niveles. Frase dedicada a Carlos López.

707. Todo lo creado por la civilización humana ha sido producto del liderazgo de alguien, que primero lo soñó y luego se atrevió a hacerlo realidad. Frase dedicada a Manuel Vega González.

708. Tarde o temprano todos los líderes muestran de qué están hechos. Frase dedicada a Yuridia Ortiz.

709. Hay que abrir de inmediato los espacios para el liderazgo de nuestros jóvenes. Frase dedicada a Héctor Daniel Ahumada González.

710. Un colectivo con integridad solo puede ser consecuencia de un liderazgo con integridad. Frase dedicada a Jorge López.

711. Un buen líder conforma un colectivo, lo conduce de manera adecuada y mantiene la congruencia personal. Frase dedicada a Humberto Cervantes Culebro.

712. El buen [nombre de tu deporte de conjunto favorito] solo es un reflejo del acertado liderazgo de su entrenador. Frase dedicada a Luis Manuel Herrera Corona.

713. Lo más importante para tener éxito en el liderazgo del futuro, es comprometer la voluntad personal en el liderazgo de hoy. Frase dedicada a Milton Amilcar López Fajardo.

714. Un líder debe ser experto en transitar y facilitar el tránsito de la zona de confort a la zona de aprendizaje, y de ahí a la zona de evolución. Frase dedicada a Jesús Ernesto Bravo Galaz.

715. Todos los líderes tienen intuición, pero no todos le hacen caso. Frase dedicada a Laura RV de Vega.

716. La esencia del liderazgo sustentable es: suficiente, para todos, para siempre. Frase dedicada a Ana Karina Chapa Franco.

717. Un líder con gran sentido de vida provoca que florezcan los talentos y la colaboración. Frase dedicada a Econ Héctor González.

José Manuel Vega Báez

718. Un buen líder debe estar seguro de que su destino vale todos los sacrificios que conlleva su viaje. Frase dedicada a Marco Cárdenas.

719. El líder debe esforzarse en encontrar los elementos unificadores de su gente para lograr una conducción fluida. Frase dedicada a Joel Meza.

720. Para que un colectivo alcance un desempeño extraordinario es indispensable que sea encabezado por un líder extraordinario. Frase dedicada a Daniel.

721. Para que un líder pueda trabajar a lo grande debe divertirse a lo grande, pero para que pueda divertirse a lo grande, debe trabajar a lo grande. Frase dedicada a Brenda.

722. A veces la mejor respuesta que puede dar un líder es el silencio. Frase dedicada a Sandra Ivon Victoria Moreno.

723. La fisura de la unión grupal es el primer paso para el derrumbe del liderazgo. Frase dedicada a Gloria.

724. Al igual que en una carrera de F1, un parpadeo inoportuno puede ser fatal para un líder. Frase dedicada a Yara.

725. Un líder experimentado reconoce la diferencia entre los hilos conductores y las hebras dispersoras. Frase dedicada a Tony.

726. El líder que dice: sí se puede, está en lo cierto. Y el líder que dice: no se puede, también está en lo cierto. Frase dedicada a Majo Vega Cebrián.

727. Un buen líder debe actuar más como compositor que como intérprete, pues es preciso que se arriesgue a crear obras propias. Frase dedicada a Eduardo Alberto Niño Hernandez.

728. La diferencia entre un líder apasionado y un líder estresado no está en el tamaño del esfuerzo que hace, sino en el tamaño del amor a lo que hace. Frase dedicada a Elvia.

729. También el hacha del liderazgo tiene que afilarse periódicamente. Frase dedicada a Jorge Antonio Gil Zamora.

730. Si piensas que el liderazgo es una distracción, intenta hacerlo todo tú mismo. Frase dedicada a Edith Victoria Urrutia.

731. El ingrediente más importante de cualquier receta de éxito colectivo se llama liderazgo. Frase dedicada a Sergio Arguijo Aguirre.

José Manuel Vega Báez

732. Un líder que elige un camino difícil a la larga tendrá ventaja sobre uno que elige un camino fácil. Frase dedicada a Marco.

733. El liderazgo trascendente, al igual que el amor verdadero, se edifican día a día, en las buenas y en las malas. Frase dedicada a José Segura Flores.

734. Un buen líder reconoce que hay tantos factores fuera de su control que aprovecha a su favor los que sí están en sus manos. Frase dedicada a Jaime.

735. Los grandes filósofos y los grandes literatos trascienden por lo que piensan y escriben; los grandes líderes trascienden por lo que dicen y hacen. Frase dedicada a Ambar Agüero.

736. Un buen líder escucha todas las voces, sobre todo las más tenues. Frase dedicada a Daniela Hermida Niembro.

737. Solo el buen liderazgo transforma el desánimo y la inacción en Ánimo y ACCIÓN! Frase dedicada a Juan Manuel.

738. El liderazgo es una Vocación que debe ser asumida con Voluntad y afrontada con Valentía. Frase dedicada a Manuel Suárez Fernández.

739. A veces el líder no necesita descubrir nuevos mundos para su gente, basta con que les abra los ojos al mundo actual. Frase dedicada a Bertha Lidia Sánchez Gómez.

740. El trabajo en conjunto es la base del liderazgo sostenible, pues no hay líder duradero sin un colectivo sólido. Frase dedicada a Marleny G Villela.

741. Cualquier líder puede entusiasmar a su gente el primer día, pero mantener el ánimo colectivo es proporcional a su grandeza. Frase dedicada a Anna Vero Murra.

742. ¿Cuándo nos daremos la oportunidad de comprobar que en el correcto ejercicio del liderazgo está la solución de todos nuestros problemas comunitarios? Frase dedicada a Joaquin Campos Barrientos.

743. Un líder trascendente no dirige subordinados, inspira seguidores. Frase dedicada a Alondra Alcalá Cisneros.

744. Un buen líder + un buen colectivo + un buen estado de ánimo = un buen augurio. Frase dedicada a José Martín Contreras.

745. El liderazgo no provoca que las metas sean fáciles, provoca que las metas sean posibles. Frase dedicada a sejo*

746. Esperar al líder perfecto es como esperar al príncipe azul; simplemente no existen en el mundo real. Frase dedicada a Jose Luis Chapoy.

747. En el ejercicio del liderazgo debe haber momentos de reflexión interior, previos a los grandes acontecimientos. Frase dedicada a Nora Patricia Velazquez Luevano.

748. El estilo de liderazgo ideal debe tener la consistencia del agua, que se adapta de inmediato al recipiente que la contiene. Frase dedicada a Nancy Marissa Durán Arriaga.

749. La razón por la que hay muy pocos grandes líderes es porque solo muy pocos líderes son capaces de anteponer el interés colectivo al interés personal. Frase dedicada a Isaac Montoya Hernandez.

750. ¿Por qué ejercer el liderazgo a medias si puede ejercerse al 100%? Frase dedicada a Yanalté Martínez Mijares.

751. Un buen líder descubre las imperfecciones del mundo y las corrige en su mundo. Frase dedicada a Carlos De La O.

752. El mejor día para iniciar el desarrollo del liderazgo fue ayer. El segundo mejor día es hoy. Frase dedicada a Palazuelos Flores Victor Manuel.

753. Los síntomas más evidentes de un mal liderazgo laboral son la alta rotación y la baja productividad. Frase dedicada a Monserrat Berenice Sánchez Banda.

754. En el ejercicio del liderazgo hay una gran diferencia entre escuchar para responder y escuchar para comprender. Frase dedicada a Hilfe Vanessa Schulz Ortíz.

755. Hay dos clases de líderes: lo que hacen que las cosas sucedan y los que buscan el crédito por las cosas que otros hicieron. Frase dedicada a Luciano Rodriguez.

756. Hay tres tipos de líderes: los que solo piensan; los que piensan y dicen lo que piensan; y los que piensan, dicen lo que piensan y hacen lo que dicen. Frase dedicada a Amandi Felix.

757. El problema con un líder que duda es que todo su colectivo dudará. Frase dedicada a Alicia Andrea Félix Alvarez.

758. Un buen líder hace lo máximo posible y hace que otros hagan lo máximo posible. Frase dedicada a María Del Carmen Félix Alvarez.

José Manuel Vega Báez

759. No es justo que un líder le exija a los demás lo que no es capaz de exigirse a sí mismo. Frase dedicada a Wendy Flores.

760. Para completar cualquier actividad humana en conjunto, el buen liderazgo es necesario... y suficiente. Frase dedicada a Jesús Antonio Barajas Ruiz.

761. Hay líderes que en cada amenaza ven una oportunidad, y también los hay que en cada oportunidad ven una amenaza. Frase dedicada a Juan Carlos Olivo.

762. Uno de los más grandes retos del líder es conseguir la unidad de su colectivo a partir de la diversidad de sus integrantes. Frase dedicada a Silvia.

763. En un inicio el liderazgo se trata de alinear voluntades para alcanzar una meta, pero después se trata de transformar esas voluntades en nuevos líderes. Frase dedicada a Martin Angeles.

764. No esperes a que un excelente líder te encuentre, ¡sal a buscarlo! Frase dedicada a Jesús Vega.

765. Un buen líder jamás intercambia una meta del futuro por un deseo del presente. Frase dedicada a Gabriela Anahi Contreras Cruz.

766. Si el líder no le tiene respeto al tiempo, tampoco el tiempo le tendrá respeto al líder. Frase dedicada a Cuauhtemoc Benitez Salcedo.

767. Un buen líder aprovecha el ánimo de festejo para fortalecer la unidad de la diversidad de su colectivo. Frase dedicada a Jose.

768. Liderazgo sin inteligencia es incorrecto, liderazgo sin corazón es inhumano y liderazgo sin valor es imposible. Frase dedicada a Jorge Hamdan Hernández.

769. De poco sirve un líder de campeonato sin un equipo de campeones, así como un equipo de campeones sin un líder de campeonato. Frase dedicada a Paty Cebrián.

770. El liderazgo integral puede ser entendido como el arte del buen gobierno porque define el conjunto de reglas idóneas para conducir individuos con excelencia. Frase dedicada a Gema Janet Cortes Gutiérrez.

771. Un buen líder es campeón en dar resultados, no en exponer excusas. Frase dedicada a Alma Arcelia Gonzalez Lozano.

772. Algo más peligroso que un líder sin intuición, es uno con intuición equivocada. Frase dedicada a Julio Alvarado.

José Manuel Vega Báez

773. Siempre es mucho más importante desarrollar más líderes, que desarrollar más seguidores. Frase dedicada a Rebeca Trujillo Sanchez.

774. Algo muy grave que puede pasarle a un grupo de personas es que su líder le tenga miedo a las alturas. Frase dedicada a José Víctor Santiago Santiago.

775. Los resultados de un líder guardan una relación directa a la confianza que tiene en sí mismo y en su colectivo. Frase dedicada a Luis Angel Vega Baez.

776. El comportamiento de los seguidores cuando el líder se encuentra ausente es una excelente prueba de la fortaleza del colectivo. Frase dedicada a ALF.

777. Al igual que el teatro musical, el liderazgo es un fascinante arte complejo en tiempo real que requiere una preparación responsable y una ejecución magistral. Frase dedicada a Jesús Armando Corrales.

777

José Manuel Vega Báez

Sobre el Autor

El doctor José Manuel Vega Báez nació en la Ciudad de México en 1962. Es casado, con tres hijos y gusta del deporte.

Tiene 42 años de trayectoria empresarial y ha desempeñado diversos cargos directivos en la iniciativa privada, el sector público, agrupaciones deportivas e instituciones educativas. Como consejero y consultor ha intervenido en varias organizaciones mexicanas y trasnacionales.

A partir de su experiencia de integrar y dirigir equipos de alto desempeño ha publicado 20 libros sobre liderazgo, convirtiéndose en el escritor de habla hispana más prominente de este tema, del cual es conferencista y facilitador internacional.

En 1992 recibió el grado de Doctor en Administración, cursando los estudios de Maestría en Ingeniería, Maestría en Sistemas, Maestría en Dirección de Empresas, Licenciatura en Sistemas y los Diplomados en Negocios Deportivos, Asesoría Educativa, Humanismo Integral, Desarrollo Sustentable y Alta Dirección.

Desde hace 34 años es catedrático a nivel licenciatura, maestría y doctorado en el área de Gestión de Sistemas Organizacionales en diversas instituciones latinoamericanas de gran prestigio.

Actualmente es Conferencista de Speakers México, Miembro Platinum de la Red Mundial de Conferencistas y Socio Director de SERIE CIMA, firma especializada en liderazgo: desarrollando mejores líderes para edificar un mejor mundo.

Su obra completa incluye los siguientes títulos:

1. Modelo de Estudio Curricular Post-Maestría en el Área de Sistemas (1991)
2. Introducción al Estudio del Pensamiento Transdisciplinario (1992)
3. Creatividad e Innovación en la Administración (1993)
4. Un Rostro Incompleto (1994)
5. Diseño del Sistema de Información de una Empresa (1995)
6. Secretos de Empresa (1995)
7. Modelación Estructural de Sistemas (1996)
8. Primera Guía de Acciones Emprendedoras (1998)
9. Rumbo a la Cima −novela para el nuevo líder (2002)

José Manuel Vega Báez

10. ¿Ya Encontraste tu Queso? –un cuento para nuevos líderes (2005)

11. Un Líder para México 2006 (2006)

12. Propuesta para la Valoración del Nivel de Liderazgo en Funcionarios Públicos de Alto Perfil (2007)

13. La Biblia de la Motivación –obra en coautoría (2008)

14. Liderazgo en Tiempos de Crisis (2009)

15. Lecciones de Liderazgo de los Directores Técnicos del Mundial (2010)

16. Adriana –un relato de liderazgo juvenil (2011)

17. 250 Cápsulas de Liderazgo (2012)

18. Liderazgo en la Cumbre –obra en coautoría (2012)

19. Liderazgo: diez años de aportaciones (2012)

20. Rumbo a la Cima 10 –sé un líder de alto desempeño (2013)

21. Mi Líder Favorito (2014)

22. Mucho Éxito en tu Negocio Propio: los cimientos del liderazgo emprendedor (2015)

23. 500 Cápsulas de Liderazgo (2016)

24. Ahí Viene un Tiburón –cómo ser un buen líder ante la adversidad (2017)

25. Liderazgo Mundialista 2018 –lecciones de aciertos y errores de los mejores entrenadores (2018)

26. Liderazgo Sobresaliente –cómo lograr resultados superiores y sostenibles (2018)

27. 15 Poderosas Lecciones de Liderazgo (2019)

28. 777 Frases de Liderazgo (2019)

777

José Manuel Vega Báez